AF566518

MEERESGESCHICHTEN

Heiner Egge

MEERES geschichten

BOYENS

ISBN 978-3-8042-1567-2

Umschlag: Foto Ingo Lau
Herstellung: Boyens Buchverlag
Druck: cpi books GmbH, Leck
Printed in Germany

www.boyens-buchverlag.de

BLAUORT

Aus dem Leben einer Vogelwartin

1

Der Flamingo war etwas, was sie von diesem langen Sommer auf der Insel mitnahm, der kleine rosenfarbene Flamingo, der sich in den Schwarm der Wildgänse verirrt hatte und nun tapfer mitflog. Sie sah ihn, als sie an einem windstillen Morgen auf die Veranda ihrer Pfahlhütte trat und den Kopf hob. Sie hörte die vertrauten Schreie der Gänse, die nie still sein können, diese großen plumpen Tiere, mit den lang nach vorn gestreckten Hälsen und den ununterbrochenen Flügelschlägen. In Keilform zogen sie, von Helmsand kommend, nach Westen. Wahrscheinlich wollten sie nach Tödtel oder noch weiter nordwestlich auf die Salzwiesen von Nackhörn und Rochelsand. Sie wollte den Blick schon wieder abwenden, da entdeckte sie die Farbe, die nicht in diesen Schwarm gehörte.

Tine rieb sich die Augen, aber sie war wach genug. Und sah es jetzt ganz deutlich: Rosenblättrig, viel zarter und schlanker. Hals und Beine ausgestreckt, aber leicht geneigt.

Ein Flamingo. Ohne Zweifel, ein Flamingo, aus den tropischen oder doch zumindest subtropischen Breiten kommend, purpurrot und mit schwarzen Flecken auf den Flügeln. Er flog einfach mit, und die Gänse ließen ihn. Er war ein eleganter Flieger, das merkten auch die Gänse.

Aber schon nach ein paar Minuten hatte sich der Schwarm im westlichen Himmel aufgelöst, wie geronnene

Milch die Wolkendecke, keine Sonne, früher Morgen Anfang Mai.

Nachdenklich kehrte Tine in ihre Hütte zurück und machte den Eintrag. Sie war hier die Vogelwartin.

Dann warf sie den Generator an, der versteckt zwischen den Dünen im Strandhafer stand. Sie brauchte Strom für den Tauchsieder, den morgendlichen Kaffee, den sie schwarz und in einem großen Blechbecher trank. Dazu das ziemlich harte Vollkornbrot, das sie mit süßbitterer Orangenmarmelade bestrich. Außer ihr gab es hier keine Menschen, keine Männer, keine Frauen, keine Kinder. Aber Tausende von Seevögeln, zwei Falken, durchziehende Stare und, seit letzter Woche war sie sich dessen ganz sicher, einen Fuchs, der die Nester plünderte. Angst hatte sie keine, noch nicht.

Der Generator war laut, aber das auf und ab ebbende Geschrei der Vögel hielt gut dagegen.

Ruhe hatte sie hier nur nachts. In den kurzen Nächten. Dann war bloß der Wind zu hören und manchmal ein Knall, wenn nächtliche Düsenjäger ihre Schallmauer durchbrachen. Die Vögel schliefen, nur wenn sich ihnen der Fuchs näherte, öffneten sie ihre Schnäbel, flatterten auf, verstummten aber schnell wieder.

Tine lag auf ihrem schmalen Bett, lag auf der roten Hirtendecke, die sie von einer Reise in ein anderes Land mitgebracht hatte, auf dem Rücken lag sie und streckte sich und streckte sich. So war es gut. Dann kam ein Flamingo zu ihr, und sie musste nachschlagen: Phoenicoterius ruber. Ein Lagunenvogel, der das flache Wasser liebt, die Überschwemmungsgebiete, die Sümpfe. Hochspezialisiert Schnabel und Zungenapparat. Sie fressen auch nachts und sind hervorragende Flieger.

Hatte sie geträumt?

Tine Siemsen war 41 Jahre alt, im bürgerlichen Beruf Gymnasiallehrerin, Kunst und Biologie (manchmal auch Vertretung für Sport). Das Sabbatjahr hatte man ihr ohne große Widerstände bewilligt, aber um Blauort, die Insel, hatte sie sehr kämpfen müssen.

Für eine Vogelwartin war sie viel zu alt, außerdem stellte die Naturschutzbehörde lieber Männer ein, junge Studenten der Biologie oder Umwelttechnik. Christine Siemsen war die absolute Ausnahme, das würde nie wieder vorkommen, außerdem war sie Künstlerin mit einem Hang zu außerordentlichen Objekten. Aber gut, sie bekam den Job. Praktikantin! Für sie war es ein Geschenk des Himmels.

Und Sonnenenergie gab es ja auch noch. Aber sie liebte den Dieselgeruch des Generators, dann kam sie sich vor wie in einer Druckerei und zog die Blätter, ihre groß- und kleinformatigen Blätter vom Druckstock. Jedes Blatt einer anderen Spur gewidmet, Vögel, Wölfe, Menschen und Eidechsen. Terpentingeruch. Oh, ja, Tine wusste, wohin sie wollte; niemand musste sie an die Grenze treiben, das machte sie selber. Und ins Holz schnitt sie, was bleibt, wenn ein Tier geht, eine winzige Spur.

2

Ich bin der Versorger.

Seit sieben Jahren nun schon nehme ich diese Aufgabe wahr. Jeden Sonnabend (sofern es die Tide zulässt, sonst muss ich auf einen anderen Tag ausweichen) belade ich die *Krake* mit dem, was der Vogelwart braucht und verlasse den Meldorfer Außenhafen. Pro Fahrt bekomme ich 50 Euro, Diesel und Unterhaltung meines Schiffes gehen natürlich extra. Eigentlich bin ich schon im Rentenalter, aber meine Rente reicht für nichts. Hätte ich gewusst, wie man besser klebt, wäre mir das nicht passiert. Aber so ist das Leben nun einmal, da kann man nichts machen, klug wird man immer erst später, Hauptsache die Maschine springt an, der gute alte Bukh-Diesel, 18 PS, dänischer Bauart.

Die *Krake* verdankt ihren Namen einem eigenartigen Lehrer und Heiligen, der vor langer langer Zeit mit seiner Tjalk in der Dithmarscher Bucht herumkreuzte, nie von Bord ging und seltsame Romane schrieb. Die eigentlich niemand lesen wollte. Sonst weiß ich wenig von ihm.

Dieses Jahr also haben wir eine Frau auf Blauort, auch das ist eine seltsame Geschichte.

Aber ich habe meine Seekarten im Kopf, mir kann nichts passieren, mir nicht.

Die Abreise mussten wir allerdings drei Mal verschieben, bis das Wetter endlich stimmte: Ablaufendes Wasser, SW 3–4, wolkig, gute Sicht. Mittwoch, der 24. März. Der Hauptpriel führt nahe an Blauort heran, fast bis an die südöstliche Abbruchkante.

Frau Siemsen, sie war, so viel hatte man mir gesagt, eine Lehrerin auf Urlaub, hatte sich, wie es der Fachausdruck sagt, ein Sabbatjahr genommen. Elf Kisten hatte sie dabei, zwei Rucksäcke, diverse Plastiktüten und eine kleine Handtasche aus feinstem Leder, mit der man abends ins Theater gehen konnte. Und eine Gitarre durfte auch nicht fehlen.

Der Taxifahrer hatte die Heckklappe aufgeklappt. Großraum.

Unsere Begrüßung fiel sehr knapp aus. Sie streckte mir ihre Hand entgegen und sah mir kurz in die Augen: „Guten Morgen."

„Heute klappt es endlich", sagte ich.

„Ich weiß“, antwortete sie und hob schon die erste Kiste hoch.

„Wozu brauchen Sie das alles?“, fragte ich, und der Ranger vom Nationalpark Wattenmeer, der neben mir stand und die ganze Aktion leitete, schien sich an die Frage ranzuhängen: „Wozu?“

Doch Frau Siemsen zuckte nur mit den Schultern. Vielleicht war sie der Meinung, das ginge niemanden etwas an. (Erst viel später erfuhr ich, dass sie in einer der Kisten ein Gewehr mit abgesägtem Lauf und reichlich Munition, in einer anderen, ebenso in Watte gepackt, eine fast kindgroße Porzellanpuppe verwahrte, von den anderen Dingen will ich gar nicht reden. Farbtuben, Pinsel und so weiter.)

Schweigend nahm ich ihr die Kiste ab. Der Taxifahrer lud weiter aus. Ich hievte die erste Kiste an Bord. Stauraum hatte ich genug, weiß Gott.

Mein Schiff, ich muss mein Schiff beschreiben: Ein Holländer, Nachbau einer historischen Tjalk, achteinhalb Meter lang, sehr breit, wenig Tiefgang, Seitenschwerter, und im Hafen schwer zu manövrieren, immer wieder rutscht es einfach weg, aber stevig und durchaus seetüchtig. Eine Perle fürs Wattenmeer. Dieses Schiff ist mein Segen. Ich hätte sonst nichts mehr, und seitdem ich meine Husumer Wohnung (in der Wasserreihe, nur einen Steinwurf vom Dichter Storm entfernt) aufgegeben habe, ist es auch mein einziger Wohnsitz, allerdings kein fester. Ich habe, einschließlich der 500 Bücher, alles an Bord, was so ein Mann wie ich braucht. In See steche ich nur noch selten, die wöchentliche Versorgungsfahrt nach Blauort ist mir Abenteuer genug. Als Heimathafen habe ich mir ans Heck geschrieben: Tetenbüllspiekerort. Aber da bin ich selten, eigentlich nie. Jetzt liege ich immer im Außenhafen von Meldorf, von dort sind es nach Blauort nur zehn Seemeilen. Und immer wieder die Entdeckung, dass keine Flut der vorhergehenden gleicht.

Und jetzt auch noch Christine Siemsen, Vogelwartin? Glaube ich ihr nicht. Die will was anderes.

Zweite Beschreibung: Die Haare viel zu kurz, wie ein Teppich, borstig (vielleicht vorausschauend gedacht, wegen des Mangels an Friseursalons auf der Insel), Augen braun, nein eher bernsteinfarben, lange Ostseestrände kamen einem dabei in den Sinn, wo man sich von Zeit zu Zeit bücken musste, Steine aufheben und zwischen den Fingern reiben bis sie zu Bernstein wurden, so ihre Augen, darüber der ausgezupfte Schwung der Brauen, flache Halbmonde kohlrabenschwarz wie tätowiert. Richtig klar waren diese Augen nicht, aber zum Ertrinken gut genug. Der Mund. Ja, der Mund, der konnte sicher schöne Dinge sagen, aber alles zu seiner Zeit. Auf den Lippen so viel Lippenstift wie eine Vogelwartin nur vertragen konnte (dennoch würde er nicht lange reichen). Schlank, sie war sehr schlank, knabenhaft würde man in altmodischen Romanen sagen, und sie war nicht klein, über einssiebzig mindestens, vielleicht sogar einsachtzig. Fast könnte man sagen: hochaufgeschossen. Sie trug Gummistiefel, blau mit gelbem Rand. Die Hose war weit, grob und olivfarben. Die Jacke, und das verstand ich gut, war eine Tarnjacke. Gut gemacht, dachte ich, sie will sich zwischen den Möwennestern verstecken, wenn ihre Vogelinsel angegriffen wird. Hallo!

Sie war also ein schmales Mädchen. Und völlig alterslos. Das gefiel mir sehr. Die brauchte die Sanduhr gar nicht umzudrehen.

Die Jacke war, da der Tag warm zu werden versprach, nur halb geschlossen. Darunter trug sie ein beiges, wahrscheinlich ziemlich dünnes T-Shirt, Nippelwetter also, wie wir als Jugendliche gesagt hätten. Wir hatten immer noch März.

Sie ging sehr aufrecht, und ihr Schritt, das sah ich sofort, war fest im Takt. Sie wusste wohin sie wollte. Fehltritte kannte sie nicht.

Es konnte also losgehen, die Fracht war verstaut. Sogar wasserdicht verpackt. Der Mann vom Weltkulturerbe Wattenmeer hatte alles quittiert. Bargeld brauchte die Vogelwartin nicht. Erst Ende Oktober würde sie zurückkehren. Bis dahin hätte sie viel Zeit, mit sich selber zu sprechen. Aufs Telefonieren wollte sie verzichten, auch wenn es umsonst war. Keine Schattensprache mehr. Verpflichtungen nur den Vögeln gegenüber. Der Mann vom Weltkulturerbe guckte ein bisschen bedenklich, Dienst ist Dienst, aber er sagte nichts, höchstens: „Gute Fahrt."

Und unsere erste gemeinsame Fahrt war auch gar nicht so schlecht. Das Wetter stimmte, allerdings mussten wir gegen den Strom segeln, denn wir wollten Blauort ja bei Hochwasser erreichen.

Ich bat sie die Pinne zu übernehmen. Ließ das Steuerbordschwert herunter, belegte. Seitenschwerter sind immer so eine Sache, aber was willst du machen, wenn das Meer so flach und unberechenbar ist. Während ich das Großsegel setzte, auf die Fock verzichtete ich, wir mussten ja sowieso die Maschine mitlaufen lassen, schielte ich ein bisschen zu ihr hinüber. Eine Pinne hatte die noch nie in der Hand gehabt. Als ich die Schot genügend weit aufgefiert und alles sorgfältig, wie im Schlaf, belegt hatte, setzte ich mich neben sie.

„Na“, sagte ich, „sehr aufgeregt?“

„Na“, antwortete sie, „alles im Griff?“

Das gefiel mir. Genauso stelle ich mir gelungene Dialoge vor.

Backbords zog jetzt der Bielshövener Sand vorüber.

Einmal hatten wir ganz kurz Grundberührung. Die Marner Plate. Man kennt das ja schon.

Als wir nach Blauort schon fast hinüber spucken konnten, sagte sie dann leider noch: „Ob Freitag schon da ist?“ Fand ich dämlich, sie ist doch nicht Robinson, wir wissen doch wo sie ist. Auf Blauort, und Telefon hat sie auch.

Wir kamen, jetzt kurz vor Hochwasser, ziemlich nahe an die Kante heran. Ich stoppte die Maschine, ließ die Ankerkette herunterrasseln. Einen Anleger haben die hier ja schon lange nicht mehr. Das war vor einem halben Jahrhundert noch ganz anders. Ich machte das Beiboot klar: *Tender to Krake.*

Es war März, hier draußen nun doch frischer als gedacht, aber hell war es, sehr hell. Und dann, als ich den Diesel mit einer leichten Drehung des Zündschlüssels ersterben ließ, wunderbar still. Selbst die Seevögel, die auf uns bestimmt nicht gewartet hatten, verstummten für ein paar Minuten.

„Frau Siemsen“, sagte ich und machte mit dem rechten Arm eine weitausholende Bewegung: „Das alles gehört nun Ihnen.“

Sie sah mich spöttisch an, konnte aber, das entging nun selbst mir nicht, ihren Besitzerstolz nicht unterdrücken.

Schon für den nächsten Tag nahm sie sich die Umrundung ihrer Insel vor. „Robinson hätte das auch gemacht“, sagte sie, und irgendjemand würde ihre Schritte zählen, möglicherweise sogar sie selber. Das konnte ich nur bestätigen.

3

Die Insel war viel größer als sie gedacht hatte. Sie kam auf 6.467 Schritte. Gezählt und dann noch einmal geschätzt. So wie sie auch die Vogelschwärme zählte und schätzte. Und die Temperatur am Morgen, nachmittags, abends. Windrichtung und Stärke. Niederschlag. Die Anzahl der Nester, der Eier. Welcher Vogel brütet wo? Spalten über Spalten. Datum nicht vergessen. Küstenseeschwalbe neben Lachmöwe, Strandläufer, Regenpfeifer und Knutts, Austernfischer, Silbermöwen, noch blieben die Überraschungen aus.

Die erste Seite ihres Beobachtungsbuches ist aufgeschlagen, am Ende ihres ersten Tages ist alles eingetragen: Hier steht es. Kontrollieren kann es niemand. Die Ehrlichkeit aber lässt sich nicht ausradieren.

Wie weit kann ein Mensch überhaupt zählen, ohne einzuschlafen?

Was sieht er, was sieht er nicht?

In der ersten Spalte das Datum: 25. März. In der zweiten das Wetter um 8.00/15.00/20.00 Uhr. Temperatur, Grad der Bewölkung, Windstärke und Richtung. In der dritten die Vermerke über das Hochwasser: Höher oder niedriger als Normal, oder wie erwartet. In den Spalten 3–6 die Beobachtungsgänge, das Zählen und Erfassen der kommenden Nester und Gelege. In der 7. Spalte die besonderen Vorkommnisse. Zum Beispiel, aber das erst viel später: „Einen Fuchs gesehen."

Oder noch später: „1 Pottwal angetrieben."

Einmal die Woche sollte sie die gesamten Brutvögel zählen. Also die, die blieben, ein Nest zusammenkratzten. Brüteten. Und ihre Jungen aufzogen, sie fütterten, bis sie flügge waren. Auf die kam es schließlich an, man durfte sie auch nicht verwechseln mit den Rastvögeln, die ja nur vorübergehend blieben und ihre Heimat woanders suchten.

Im Frühling, und später im September dann die Zugvögel, die wenig Zeit hatten und oft nur über Nacht blieben. Es schwirrte ihr der Kopf. Zählen, zählen, zählen. Sie war doch keine Mathematiklehrerin.

Fürs Hochwasser hatte sie einen Messpfahl, mit deutlichen Ziffern und Strichen, schwarz auf gelb. Der stand so nah an der Kante, dass sie ihn mit dem Fernglas sogar von ihrer Hütte aus ablesen konnte.

Mit den anderen Messtätigkeiten stand sie eher auf Kriegsfuß. Nur weil ich Lehrerin bin, glauben die, ich könnte ihnen ihre ganze Insel ständig neu vermessen. Es sieht doch jeder, dass der Sand im Süden schmäler, aber im Norden immer breiter wird. Ich mache denen mal eine ganz andere Karte, mit Hafen und Hauptstadt, mit Feld und Grünland, mit Wanderdüne und mit Wadis, oder wie man die ausgetrockneten Flusstäler in der Wüste nennt. Eine Kolonie spendiere ich denen auch. Und sämtliche untergegangenen Kulturspuren.

Salty dog. Sie besaß nur Langspielplatten; die meisten davon hatte sie ihrem Vater geklaut, der sich immer gerne beklauen ließ. Überhaupt ihr Vater: Siem Siemsen, nur knapp 18 Jahre älter als sie, hatte als Primaner Pech gehabt mit einer Frau, die er eigentlich gar nicht kannte und die ihn eigentlich nur auf die schriftliche Abiturprüfung vorbereiten sollte. Ihr Vater, Langzeitstudent und dann als Spielhallenaufsicht fest angestellt, den sie eigentlich immer bei der

Hand nehmen wollte, um mit ihm mal woanders hinzugehen. Aber das ließ er nicht zu, und also sahen sie sich immer seltener. Sie wusste, wie stolz er auf seine Tochter war.

Und sie wusste auch, dass sie ihren Vater liebte, was die Sache nicht einfacher machte. Ihr Vater also sammelte Langspielplatten.

Salty dog gehörte natürlich dazu. Aber auch die Moody Blues, der Jameikakram, die Hollies, when the tides rushing in, und all die anderen Helden, auch die, die von einer Honky Tonk Woman sangen und gar nicht wussten, was das war.

Sie, Tine Siemsen, war eine! I am a honky tonk woman.

Manchmal hörte sie am frühen Morgen, wenn die ersten Vögel erwachten, ganz leises Gitarrenspiel wie aus weiter, weiter Ferne. Sie brauchte dann eine Weile um zu begreifen, das es ihr eigenes Gitarrenspiel war, das noch vom Abend her in der Luft lag. Die Luft über Blauort war ein Gedicht, die Stimmen, die über dem Meer und über den Watten schweben, sind nicht für jedermann zur hören, aber schon lange da, schon so lange, dass sie gar nicht mehr verloren gehen können.

Tine konnte es immer noch nicht fassen: Sie war der einzige Mensch auf diesem Stück Land. Hier war niemand! Hier ist niemand!

„Hallo, Tine“, sprach sie sich nun selber an: „Mach es dir doch klar. Hier bist du allein, hier sieht dich niemand, und niemand, der dich hört. Hier kannst du machen, was du willst, was **du** willst. Mach es!“

Ein paar Romane hatte sie auch mitgenommen, sogar die Erwachsenenausgabe von Robinson Crusoe. Und ein seltsames Buch, das *Perrudja* hieß. Von einem Orgelspieler geschrieben, der wohl auch Romane bauen konnte. Und, wenn man den Quellen glauben durfte, etliche Monate auf Blauort verbracht hatte, damals als es hier noch einen Bauernhof, ein Lager, eine Scheune und einen Schafstall, ja sogar ein Kinderheim gegeben hatte. Aber dieses Blauort war längst gesunken, der Deich gebrochen, die Insel, als wenn sie das selber wüsste, über sich selbst hinweggewandert. Alles nur noch Geschichte, festgehalten in den alten Karten und unvollständigen Chroniken. Aber in *Perrudja* geht es um einen Mann, mehr schwach denn stark, der gar nicht merkt, dass er untergeht. Ein Buch, wie Tine gehört hatte, klug bis zum Rausch. Der Orgelspieler, oder sagen wir lieber: der Orgelbauer schrieb weitere Romane. Der dritte hatte über 1000 Seiten und zwei Lesebändchen, wog viel, war aber immer Fragment und unvollendet geblieben und würde wohl selbst an den langen hellen Abenden ungelesen bleiben. Aber Papierschiffchen könnte sie daraus falten, Seite für Seite, und schwimmen lassen. Hin zu diesem Dichter, der sicher auch eine einsame Inselbegabung war.

Romane waren ihr eigentlich peinlich, denn Christine Siemsen war schließlich Naturwissenschaftlerin und wollte auch als solche ernst genommen werden. So fand sich in ihrer Stelzenhütte, neben dem Launenhaften und Ausgedachten der schöngeistigen Literatur, jede Menge Fachliteratur. Bestimmungsbücher, Lexika, Kompendien, Forschungsberichte und so fort. *Wunder des Vogelzugs* zum Beispiel, eine Bestandsaufnahme. Zwei Bände *Zur Geschichte des Naturschutzes im Vorland*, außerdem *Ufer hinter dem Horizont*, *Der Untergang von Rungholt* und natürlich ganz selbstverständlich den dreibändigen Atlas aller Seevögel, aller Meeresbewohner, aller Versteinerungen und

Pflanzen. Dazu das Buch der Sände und jenes über die *Inseln, die man gesehen haben sollte.*

Meine Antwortgeber nannte sie das, man wollte ja schließlich wissen, was man sah und unter Umständen in die Hand nahm. Von bis. Drei Bücher über Seemannschaft hatte ihr der Versorger in die Hand gedrückt. Darunter auch *Knoten, Spleissen, Takeln.* Sie lächelte, aber so ein Knotenbuch könnte ihr bestimmt die Zeit vertreiben, ein sicherer Geduldsfaden, dazu das Aufschießen von Enden, Palstek & Consorten. Nicht zu vergessen das Spleißen, denn das war, wie sie wusste, die höchste Kunst von allem und verschlang unendlich viel Zeit. Fotobände mochte sie nicht. Hatte sie auch keine eingepackt, nicht einmal die *Nordsee von oben.*

Sie war in ihrem Leben genug gereist. Oft schon am ersten Ferientag abgehauen. Zum nächsten Flughafen. Oder direkt nach der Schule in den Nachtzug nach Milano. Reisen, Reisen, Reisen. Da wurde es doch Zeit für eine Insel, für so eine Vogelinsel, von der man nicht einmal schwimmend herunterkam. Endlich konnte man einen immer gleichen Ort umkreisen. Bleib wo du bist und sieh zu, wie die Welt sich dreht. So wunderbar flach war dieses Land, so gnadenlos flach und darüber ein Himmel, den man gerne verwechseln wollte.

Sie seufzte, kletterte die Leiter hoch, schloss die Tür hinter sich, setzte sich an die schmale Schreibtischplatte und schaltete die Maschine ein. Die brauchte Zeit, bot aber dann das *Willkommen* an, und der Bildschirmschoner zeigte den sternenlosen Himmel, schwarz als hätte man ein Tuch auf den Augen. Sie liebte die Tücher, überhaupt. Aber das verriet sie niemandem. In manchen Nächten konnte sie auch nur schlafen, wenn sie sich die

Augen verband. Und da draußen das, was sie nicht sehen wollte.

Tine tippte. Wie immer, und schon ihr ganzes Leben lang, nur mit den beiden Zeigefingern, tippte sie es in die Tastatur. Und es war das, was man von ihr erwartete, und sie lieferte es, nicht täglich, aber doch öfter:

VogelBlog (Nr. 1)
Es gibt hier keinen Fuchs, wie man mir erzählt hat, alles nur ausgedacht, wäre ja auch noch schöner gewesen, ich bin das einzige Säugetier hier, nicht einmal Mäuse haben es auf die Insel geschafft, geschweige denn Ratten. Und Kaninchen auch nicht. Obwohl die hier ideale Baumöglichkeiten hätten. Und wenn es hier einen Hund gäbe, hätte der mich schon begrüßt. Ahoi, eure Tine.

Jetzt stand es, vermutlich für die Ewigkeit, im Internet. Wer wollte, konnte es abrufen, jeder hatte Zugang, es gab keinen Code. Einfach nur: *vogelwartin* und so weiter de.

Dass sich manche Follower/innen wunderten über das, was sie zu lesen und zu sehen bekommen würden, war ihr völlig klar, aber es ließ sich nicht ändern und sie wollte auch keine Kommentare lesen müssen.

Nach getaner Arbeit verschwand die Bloggerin in dem provisorischen Badezimmer, Nasszelle konnte man auch dazu sagen, denn auf dem Dach wurde das Regenwasser aufgefangen. Verschwand dort, stellte sich kurz vor den Spiegel und streckte sich die Zunge aus: AHOI!

Ihre tägliche Bibel aber war der Tidenkalender, in der Größe eines Reclamheftes, man konnte ihn, sofern man entsprechend bekleidet war, in der Brusttasche direkt über dem Herzen tragen.

4

Die Eierdiebe kamen im Schutz der Nacht. Wie sie sich in ihrer winzigen Nussschale draußen auf dem Wasser hatten zurechtfinden können, blieb ihr Geheimnis. Sie zogen das ausgeblichene Schlauchboot den Strandwall hinauf und zündeten sich erst einmal Zigaretten an, zwei glühende Punkte, die sich nur ganz langsam bewegten. Sie sprachen nichts miteinander, sogen nur den Rauch ein, schlossen die Augen. Gut, dass die Luft gehalten hatte.

Die ersten Vögel erwachten. Der Fuchs ahnte nichts Gutes. Die beiden Männer trugen großfleckige Tarnanzüge, die Hosen bis zu den Knien hochgekrempelt. Am Gürtel hatten sie die Schlagstöcke, die Messer in der Scheide. Die Springerstiefel ließen sie im Boot. Im Osten, sogar noch etwas nördlich von Helmsand, ging die Sonne auf.

Sie hatten Eierkartons dabei und große Plastiktüten.

In den Städten wären sie vielleicht Flaschensammler geworden.

Das Leben war ein einziger Flickenteppich. Man konnte nie wissen, wie lange er hielt. Und ob überhaupt.

„Id dinja naewe timtir", sagte der eine von beiden. Es sieht nach Regen aus. Der andere schüttelte den Kopf und wies auf die Sonne: „Is Sams tal a."

Tine war noch gar nicht richtig wach, als sie die Stimmen hörte. Träumte sie? Sie nahm die dünne Schlafdecke von den Augen. Ja, alles nur geträumt. Auf dieser Insel gab es, außer ihr, keinen anderen Menschen, keine Stimmen.

Doch wieder: „Is sam tal a." Und es waren ihre Ohren, die das hörten.

Die Sprache gefiel ihr. Arabisch? Babylonisch? I don't know.

Sie sprang aus dem Bett, zog sich nur ein Kleid über, fuhr sich mit den Händen durch die Haare. Schon war sie draußen.

Stand auf der Veranda, ließ die Augen in rasender Eile über den sichtbaren Teil ihrer Insel wandern. Nichts. Und dann plötzlich, wie ausgeschnitten, zwei Gestalten. Männer, die sich sehr geschmeidig vorwärts bewegten, sich von Zeit zu Zeit bückten, etwas einzusammeln schienen.

Angst hatte sie keine, nur eine unglaubliche Empörung machte sich plötzlich in ihr breit, und sie eilte hinunter, hin zu den zwei morgendlichen Gespenstern.

„Heh! Hallo!", rief sie.

Und die beiden blickten auf, und Tine war die Herrin, sie nur die Eindringlinge.

Was taten diese Eindringlinge denn da?

„Was macht ihr da?!", schrie nun die Vogelwartin.

Einer von den beiden hatte einen großen Henkelkorb in der Hand. Beide waren nicht von hier, sahen ausländisch aus, aber Krieger waren es keine. Trotz ihres Aufzugs.

Flüchtlinge! durchzuckte es sie, ich muss meine Grenzen besser bewachen. Oder bin ich verrückt geworden? Oh, nein! Ich muss meine Grenzen schließen. Schließen? Ja, schließen, ich bin hier die Königin, aber das wissen die beiden nicht. Sie hielt ihr Kleid fest, es war ein bisschen windig geworden, und sah die beiden Eindringlinge nun doch etwas ratlos, aber immer noch ohne Furcht an.

Dann sagte sie ganz leise, fast schon mitfühlend: „Ihr dürft das nicht. It's not allowed!"

Die Eierdiebe hoben lächelnd ihre Köpfe. Und Tine blickte in den Korb hinein: Die Eier, grün und schwarz gefleckt, Möweneier was sonst.

„Where do you come from?"

Das Lächeln hörte gar nicht auf.

Die verstehen nichts; die wollen gar nichts verstehen, die sind ja einfach so vom Himmel gefallen. Ich kann nichts dafür, ich habe mir bisher noch kein einziges Möwenei gekocht, ich bin noch nicht einmal auf die Idee gekommen.

Die Männer hatten die Hosen bis übers Knie aufgekrempelt, aber barfuß waren sie nicht. Die Turnschuhe waren schlammverkrustet und algenverknotet. Die haben keine Ahnung, dachte Tine. Hört auf zu glotzen! Fragt lieber, wer ich bin!

Aber die fremden Männer schwiegen in aller Freundlichkeit, stellten den Korb ab. Sie trugen seltsam geschnittene Hemden, der Jüngere von beiden hatte eine Kappe auf dem Kopf, *Schietwetter* stand da drauf, und der Schirm schattete ihm die Augen.

Die Sonne, immer noch halb verschleiert, wurde nun doch ein wenig stärker. Alles viel zu hell, dachte Tine und blickte sich um. Nichts. Nada! Sie fuhr sich kurz mit der Zunge über die Lippen. Der Ältere der beiden könnte in ihrem Alter sein, seine Haare, und auch der Bart wurden schon grau, der stoppelige Bart. Er hatte hungrige Augen, eine Narbe auf der Stirn, vielleicht etwas, das nicht verheilen wollte.

„What do you want?" Ihre Stimme zitterte kein bisschen, auf ihrer Stirn war eine senkrechte Falte.

Da trat der Jüngere vor: „Ich Ahmed", sagte er und wies mit dem Finger auf seine Brust.

„Ich Slim", tat es ihm der Ältere nach.

Tine zögerte, aber dann erfüllte plötzlich eine große Heiterkeit ihren Bauch, das Herz und sie sagte und wies dabei nur auf sich selbst: „Ich Tine."

Niemand hatte Angst. Und niemand auf der ganzen Welt wusste, dass sie jetzt zu Dritt waren, auf diesem Eiland, Blauort genannt, das langsam über sich selber hinwegwanderte.

„Seid ihr Brüder, Vater und Sohn, Freunde, seid ihr irgendwo ausgebrochen, habt ihr ein Boot, seid ihr zu Fuß übers Watt gekommen, in der Nacht bei Ebbe, könnt ihr euch an den Sternen orientieren, wer hat euch geschickt, für wen sammelt ihr die Eier, große Familie, ja, habt ihr eine große Familie, Kinder, viele Kinder und Großeltern und zugelaufene Onkel und Tanten, habt ihr?“ Fast hätte sie sich an ihrem Redeschwall verschluckt. Aber betrunken war sie nicht, wie denn auch am frühen Morgen, noch nicht einmal Zähne hatte sie geputzt. Doch die Heiterkeit füllte nun auch ihren Kopf, so dass sie hätte singen können: *All hands on deck, we've run afloat* … Und sie sang es jetzt tatsächlich, hatte sie denn überhaupt keine Angst: „I heard the captain cry“, sang sie, „explore the ship, replace the cook, let no one leave alive …“

Die beiden Männer wechselten besorgte Blicke. Diese Frau war verhext, hatte einen Nagel im Kopf. Das gibt es auch bei Frauen, nicht nur bei Männern. Aber wer sah schon in die Köpfe der Männer hinein?

Salzige Hunde, sie sind salzige Hunde, natürlich, jetzt wusste Tine Bescheid, bringt den Koch zur Seite, lasst niemand uns lebend verlassen. Doch nirgendwo bellte ein Hund, nur drei vereinzelte Kormorane erhoben sich und flogen westwärts davon, ganz still, und ohne die immerwährende Begleitmusik der Möwen und Seeschwalben. Drei Kreuze am Himmel. Die Vogelwartin notierte es in ihrem Kopf, wandte sich aber dann wieder den Gästen zu und versuchte sie zu beruhigen: „Keine Angst. Man hat mich hier auf eigenen Wunsch ausgesetzt."

„We do not understand", sagte nun der Jüngere und nahm die Kappe vom Kopf. Darunter lag die flache Zigarettenschachtel, die er sich in die offene Hand fallen ließ. Von irgendwoher zauberte er auch ein Feuerzeug dazu, die Flamme sprang auf, ohne dass der Wind, der hier nie fehlte, sie löschen konnte.

Tine blickte zum Himmel hoch, die Sonne verhüllte sich wieder, der Himmel sah jetzt wieder fast aus wie geronnene Milch und sie glaubte, den roten Flamingo zu erkennen, auch wenn sie sich nicht ganz sicher war.

„Wenn ihr wollt, könnt ihr mir helfen", sagte sie und sah jetzt wieder die beiden Fremden an. Diesen Männern konnte sie alles sagen, die verstanden nichts. Freiheit. Freiheit. Freiheit.

„Einsamkeit kann ganz schön weh tun", sagte sie. Und dachte: Ich könnte es jetzt babylonisch machen und mir einfach mein Kleid über den Kopf ziehen und mir einen von den beiden schnappen. Natürlich tat sie es nicht.

Die Männer starrten sie dennoch ungläubig an.

Tine begann zu lachen, laut und wild, fast schon hysterisch: Ich bin verrückt, ich bin verrückt, ein unschuldiges altes Mädchen!

Die Männer waren sehr höflich. Und vorsichtig. Und natürlich hätte der Jüngere dem Älteren den Vortritt gelassen.

Doch nichts geschah. Und ganz ohne Möweneier wollten sie nun auch nicht gehen.

Tine seufzte: „Da drücke ich mal ein Auge zu. Aber nehmt bitte immer nur ein Ei aus dem Nest."

Die Männer gaben ihr die Hand, Achmed und Slim, wollten sagen: „Danke schön." Zeigten aber nur ihre Zähne.

Sie sah ihnen nach, wie sie sich langsam und kurzbeinig entfernten. Selbst die Dünen waren hier so niedrig, dass man sich nicht dazwischen verstecken konnte.

Dann entdeckte sie auch das Schlauchboot, blau und silbrig, aber schon ziemlich verschlissen, bestimmt irgendwo gestohlen. Oder einfach nur ein Fundstück, das jemand absichtlich vergessen hatte, weil er es nicht mehr brauchte. Ob es überhaupt noch die Luft hielt? Große Fluchten waren damit nicht mehr möglich. Wohin denn auch?

Sie hatten es an einen Pflock gebunden, das immerhin, aber das Hochwasser käme sowieso erst am Nachmittag.

Sie hielt sich die Ohren zu, verschloss ihre Augen, presste die Lippen aufeinander. Das bin ich, Salzsäule, erstarrt. Oder drei Affen auf einmal.

Dann machte sie, dass sie in ihren Pfahlbau zurück kam. Setzte sich an die Maschine, ließ die Finger über die Tasten laufen, Schnellschreiberin seit eh und je:

VogelBlog (Nr. 2):
Außer Atem, aber das was ich tun wollte, habe ich nicht getan, es hätte auch niemand verstanden, und ich habe hier auch andere Aufgaben, aber vielleicht hätte es mit Poesie zu tun gehabt, meiner schrägen Poesie, die nachholen will, was das Leben bisher mit mir versäumt hat. Ich wäre eine gute Mutter geworden, die Vögel brüten ja auch und haben absolutes Vertrauen in die Zukunft. Mag sein, dass ich mit Männern nicht so viel Erfahrung habe wie andere Frauen, aber wozu sind Männer denn da? Ich hätte denen sogar zugehört. Wenn ich mich hätte für einen entscheiden können, den Einen.

Besucher habe ich hier sonst nicht.
Für heute Ahoi, ahoij (was übrigens auch ein böhmischer Gruß ist, tschechisch) eure Tine, die kein Wort Arabisch spricht.

Sie öffnete die Kiste mit der Puppe darin. Die Puppe war echt. Zumindest die Haare und der Aufschlag der Augen. Ab und zu brauchte diese Puppe auch frische Luft. Jetzt zum Beispiel. Einen Kindergarten gab es auf Blauort nicht. Als kleines Mädchen hatte sie nie mit Puppen gespielt. Eigentlich hatte sie überhaupt nicht gespielt. Sich nur ein bisschen gewundert. Was sollte man eigentlich den ganzen Tag über mit sich machen, wenn man noch ein kleines Kind ist, das gerade erst sprechen lernt? Bauklötze staunen, Finger fliegen lassen, hochgucken zu Mutter und Vater, der Puppe die Knöpfe vom Kleid abbeißen?

Ein Tag ist sehr sehr lang, und ein Jahr ist noch länger und nach sechs Jahren kommt man in die Schule und wenn es gut läuft, wird man achtzig oder einundachtzig und geht ins Freie, ohne sich abzumelden, verschwindet einfach.

Als Tine endlich wieder draußen war, unruhigen, fahrigen Herzens, war das Wasser schon wieder aufgelaufen und sie sah gerade noch, wie die zwei sich in ihrem winzigen, irgendwie schlappen Schlauchboot abstießen; auch der Korb war zu erkennen. Und irgendein Tier hatten sie auch an Bord, war es ein Hund, ein Hund mit nassem Fell?

Sie hielt die Puppe im Arm, sah ihnen nach, wie sie ein wenig umständlich und auch ziemlich unsicher mit dem Schlauchboot davonpaddelten. Immer wieder kamen sie aus dem Rhythmus. Das schaffen die doch nie, dachte sie und machte sich fast ein bisschen Sorgen, doch dann beruhigte sich ihr Herz und sie konnte wieder lachen, diesmal leise und glucksend: Vielleicht haben sie ja doch schon ganz andere Meere überquert.

Sie hätten mir helfen können! Sie warf die Puppe gegen den Himmel und fing sie wieder auf. Dann machte sie, dass der Puppe die Augen zufielen. Schlafaugen! Und plötzlich musste sie lachen und konnte nicht aufhören damit, aber nun immer leiser und leiser, lächelnd und völlig betrunken. Helfen bei was eigentlich? Ein Fass aufzumachen, mich zu öffnen, einfach so. Bevor es endgültig zu spät ist. Schaden konnte es bestimmt nicht. Vielleicht wäre sie ja auch gar keine schlechte Mutter, ein bisschen streng, aber auch immer zu einem kleinen Lachen aufgelegt. Jetzt war sie fast schon glücklich. Und vorsichtig, sehr vorsichtig würde sie mit dem Kind umgehen, eine allerspäteste Mutter, die sich ganz viel Mühe geben würde. Sie fing an, nach einem Kopftuch zu suchen. Wenn ein Mann da wäre, könnte sie jetzt immer drei Schritte hinter ihm gehen. Nur so zum Spaß, und zur Freude. Sich verkleiden, genau, das war es. Als Vogelwartin konnte man sich viele Leben ausdenken, niemand sah einem dabei zu. Auf einer leeren Insel ist alles, alles möglich, das Geheimste und das, was man der Welt ins Logbuch schreibt, fast alles. Umbringen allerdings konnte man hier nur sich selber. Und wenn, sah einem dabei nur die Puppe zu.

Sie dachte an ihren Vater, den sie lange nicht gesehen hatte. Sie sah seine Augen vor sich, als wenn sie in sich selbst hineinblickte. Siem Siemsen, der ewige Strolch und Spaziergänger. Ach, wohin das alles wohl noch führen würde, sein Leben, ihr Leben und das was noch kommt, bald kommt. Plötzlich war sie sich sicher. Hello, Slim!

Noch einmal ging sie zurück in ihren Pfahlbau, legte die Puppe in die Kiste, schlug die Listen auf. Schrieb das Datum. Und unter besondere Vorkommnisse: *Zwei Eierdiebe erwischt und vertrieben.*

Und wenn ich nun einen Flamingo zur Welt bringe, dachte sie, aber schrieb es nirgendwo hin. Erst einmal Kaffee machen, frühstücken.

Sie ließ sich Zeit damit.

Dann trat sie noch einmal auf die Veranda ihrer Pfahlhütte und sah in den Himmel.

Ja, sie musste aufpassen, dass sie ihre Aufgaben als Vogelwartin nicht vernachlässigte. Kein Flamingo war zu sehen, nur ein schnell und wellengleich dahinfliegender Schwarm von winzigen Strandläufern überzog den Himmel mit abstrakten Bildern. Auch das gefiel ihr.

Der Tag selber verging dann langsam, aber Tine hatte zu tun. Die Gelege der Lachmöwen zu zählen, im Schnitt waren 3 Eier in den Nestern. Aber den brütenden Vogel von seinem Platz zu scheuchen, und wenn es auch nur für ein paar Sekunden war, das zehrte an den Nerven. Doch der Stock war lang genug. Jedes Ei war anders gefleckt. Auch die fehlenden Eier.

Ich habe einen Eid getan, nur, was ich wirklich sehe, darf ich aufschreiben. Nichts hinzu denken! Aber morgen fange ich an zu zeichnen. Nester, grünfleckige Eier, ein morsches Holz, einen Plastikhandschuh, den Rest eines Netzes, einen Eimer ohne Henkel, zwei seltsam gekleidete Männer, einen Dieb und noch einen Dieb, eine Augenbraue, einen Teil vom Bart, nicht zu verwechseln mit einem Zaunkönignest, das es hier ja auch gar nicht gibt. Oh ja, und ein bisschen tuschen werde ich auch. Salzwasser tut den Farben gut. Kunsterzieherin war ich lange genug.

Die Helligkeit im Norden hielt sich lange, fast bis Mitternacht. Ich könnte anfangen, die Männer zu genießen, dachte sie und wartete auf den ersten Stern. Zumindest die ausgedachten Männer. Als wenn ein Sternenhimmel beruhigen könnte. Aber man kann sich genügend Sterne in die Schürze tun. Wenn man Lust dazu hat.

Vielleicht hatten sie hier auch gar keine Eier gesucht, vielleicht hatten sie nur so getan. Vielleicht waren sie Kundschafter, und die Eroberung ihres Eilandes stand kurz bevor.

Sie knipste den Sternenhimmel aus und kletterte in ihren Pfahlbau, setzte sich an den Schreibtisch.

Niemand war da, nicht einmal ein Mann, und der Versorger, dem sie alles erzählen könnte, würde erst in drei Tagen in ihrem Fernglas auftauchen. Aber sie hörte ihn schon jetzt. Das vertraute Tuckern seines Motors. Segel zog er schon lange nicht mehr auf. Doch sie würde ihm nichts von dem Besuch erzählen.

„Ich bin bewaffnet“, sagte sie laut. Und niemand konnte sie hören, dennoch blickte sie sich um, und noch einmal, viel lauter: „Bewaffnet!!“

Dann schaltete sie die Maschine an, ließ ihren Laptop aufflammen:

VogelBlog Number 3:
Guten Morgen, Christine Siemsen, oder besser gute Nacht, was ist los mit dir, Frau Christine Siemsen, genannt Tine, als wenn du dieses Fischermädchen wärst, mit dem aufrecht stehenden Ruder in der Hand auf dem Marktplatz zu Husum, warum war für dich die Unordnung der Liebe immer so schwer zu ertragen, all das Hektische, das Durcheinandergeworfene, nicht Wiederfindbare? Hier draußen hast du plötzlich Sehnsucht danach, und hier ginge es auch, das weißt du, hier ginge es, weil es

hier draußen keine Unordnung gibt. Alles ist klar, übersichtlich und erkennbar. Da kann die Liebe geschehen, so wie man einatmet und aus, ein und aus, ein und aus, ein und aus …

Es ist spät, Christine Siemsen, zu spät, du hast studiert, du bist eine Biologielehrerin geworden und eine Kunsterzieherin, du kennst dich also aus mit der sichtbaren, der beweisbaren Welt, auch jetzt noch als uralte Praktikantin, unbezahlt. Auf einer gnadenlos flachen Insel, die ja eigentlich nur noch den Seevögeln gehört. Und einem Fuchs, manchmal, wenn er denn da ist.

Ich bin immer da und meine Liebe gehört nur noch der, die ich hier einmal werden kann. Nur hier. Wenn ich mutig bin und bleibe.

Ahoi eure Tine.

PS: Der Sternenhimmel beruhigt niemals, weil er einfach nur da ist und so unbeteiligt tut und so kalt ist und wir ihn nie begreifen werden. Und einen Durchschlupf bietet er auch nicht. No exit.

5

Mir, ihrem Versorger, hat sie von den beiden Männern nichts erzählt. Das war vielleicht ein Fehler, aber sie hat es nicht anders gewollt.

Sie kam mir mit dem Handkarren entgegen, Hosen aufgekrempelt.

Ich hatte Anker geworfen, aber die *Krake* fing sowieso schon an trocken zu fallen, ablaufendes Wasser. Tine und ich würden nun viel Zeit füreinander haben, eine halbe Tide, bis das Wasser wieder auflief und ich wieder fort konnte. Also vier Stunden mindestens.

Ich verstaute die Transportkiste im Beiboot, kletterte dann selbst hinein und ruderte ihr entgegen. Sie stellte den Handkarren ab, langte in ihre Jackentasche.

Dann war ich neben ihr.

„Ich bin bewaffnet", sagte sie, ohne meinen Gruß zu erwidern.

Ich sah sie erstaunt an, ehrlich erstaunt: „Bewaffnet?"

Sie lachte: „Ja. Hände hoch!"

Aber als sie die Hand aus der Jackentasche zog, war sie leer, das heißt: wenn man genauer hinsah, entdeckte man darin ein kleines geflecktes Möwenei.

Ich lachte ein bisschen irritiert: „Schöne Waffe."

„Finde ich auch", sagte sie.

Und legte mir das Möwenei in die Hand.

Ich gebe es gerne zu, ein bisschen unheimlich ist sie mir manchmal schon. Diese Frau. So rätselhaft. Eigentlich mag ich so etwas nicht. Viel zu kapriziös. Dabei hätte ich sie gerne beschützt. Aber sie kommt alleine zurecht. Das weiß ich. Daran halte ich mich.

Wir hatten viel Zeit, ich ging ins Inselinnere, das Möwenei zurückbringen. Doch ich konnte mich für keines der Nester entscheiden. Also wanderte das Ei in meine Jackentasche.

Vom höchsten Punkt der Insel aus hatte ich alles im Blick. Sah meine Tjalk, sah wie sich die Priele füllten, sah den Kormoran auf der Pricke seine Flügel zum Trocknen ausbreiten, sah mein Zuhause meilenweit im Binnenland und plötzlich sah ich sogar meine Bücher davonschwimmen. Die Vogelwartin sah ich nicht, aber in dem hohen Strandhafer sah ich eines ihrer Kopftücher hängen. Auch so ein Tick von ihr. Welche Frau trägt denn heute noch Kopftücher. Der höchste Punkt der Insel ist fast ein kleiner Berg, bewaldet mit strohigem Strandhafer. Er hätte einen Namen verdient.

Ich sah auf meine Armbanduhr. Die mit dem abgebrochenen Sekundenzeiger. Als Kind hatte ich mir angewöhnt, so langsam zu zählen wie die Sekunden verrinnen. Als Kind hatte ich mir mein Leben vielleicht sogar ganz anders vorgestellt. Aber noch war es ja nicht zu spät. Also setzte ich mich wieder in Bewegung, und kehrte zurück, schloss Frieden mit der, die mir anvertraut war. Letzten Endes mag ich sie ja doch.

Ich fand sie am Fuß ihrer Hütte, den Rücken gegen die Leiter gelehnt. Halb schlafend. Gemeinsam brachten wir daraufhin den letzten Rest der Zeit herum. Schweigend. Und auch die Flut tat uns einen Gefallen, sie kam heute schneller als sonst, aufbrisender Westwind.

„Also dann Tschüss, Frau Siemsen."

„Sie können Du zu mir sagen, Herr Wiechert, aber vielleicht geben Sie mir das Möwenei doch lieber zurück."

„Augenblick", sagte ich, doch als ich mit meiner Hand in die Jackentasche langte, merkte ich, dass es zerbrochen war, das Ei.

Zu spät, ich zog meine Finger wieder zurück.

„Tut mir leid", sagte ich und wischte mir Eiweiß, Dotter und Schale von der Hand.

„Das dachte ich mir schon", antwortete Tine, und war plötzlich hellwach.

Aber jetzt musste ich mich beeilen, hin zu meiner Tjalk zu kommen. Ich hatte keine Zeit mehr zu verlieren. Sie schwamm ja schon auf und zerrte an der Ankerkette.

Ich holte den Anker ein. Das Geräusch des Kurbelns wie immer Musik in meinen Ohren. Aus dem Blickwinkel sah ich noch, wie Frau Siemsen sich ihren kleinen Zeichenblock auf die Knie gelegt hatte.

Also: DU!

Die Vogelwartin hatte wirklich ihren Zeichenblock herausgekramt und nahm nun ein Stück Kohle in die Hand. Vielleicht hätte ich noch sehen können, wie sie einen Vogelschwarm in das Weiße hinein zeichnete und wie sich daraus ein einzelner Vogel, der tatsächlich aussah wie ein Flamingo, löste. Aber ich sah nichts, ich war schon im Priel, hatte bald die ersten Pricken zu fassen. Heimwärts. Strom und Wind aus einer Richtung, Satte 4–5; es lief. Ich machte nur mit der großen Botterfock bestimmt meine siebeneinhalb Knoten.

Das kann sie also auch, dachte ich, während ich so rauschend dahinglitt. Und ich meinte damit das Zeichnen. Bestimmt hatte sie einen harten Strich, diese schmale Frau. Sie schien kompromisslos, unbeirrbar. Es gibt solche Menschen, die nur für sich selber geschaffen sind. Und alles für sich selber machen. Und damit zufrieden sind.

6

Die Eierdiebe kamen nicht wieder, so sehr Tine auch auf sie wartete, aber eines Tages wurde ein Wal angetrieben. Sie hatte ihn zuerst gar nicht gesehen, und jetzt lag er knapp dreihundert Meter von ihr entfernt auf einer flachen vorgelagerten Sandbank und war tot. Er war unglaublich groß, eigentlich kein Tier mehr, sondern ein Berg, ein schwarzer glänzender Berg, an einigen Stellen von Schrunden und Falten durchzogen. Wer ihn sah, hielt unwillkürlich den Atem an. Leviathan.

Es war ein Pottwal, ein männlicher. Gestrandet vor Blauort. Etwas Unbegreifliches. Diese Tiere durchpflügen sonst nur die tieferen Meere, haben tausend Meter Wasser unter sich. Dieser hier musste sich verschwommen haben, vielleicht war er noch zu jung, um den richtigen Weg zu finden, war vielleicht bei Schottland falsch abgebogen und nun in die viel zu flache Nordsee geraten. Hier gab es nichts zu fressen für ihn, keine großen Kraken wie in den Tiefen des Atlantiks.

Tine rieb sich die Augen, angelte das Fernglas vom Haken. Stellte scharf. Fürs rechte und fürs linke Auge. Kein Zweifel: In den kreisrunden Objektiven lag etwas, das sie nur aus Büchern und Filmen kannte. Viele, viele Tonnen schwer. Länger als die Tjalk ihres Versorger. Oh Gott, oh Gott!

Das gestrandete Tier bewegte sich nicht.

Tine traute sich nicht hinüber zu gehen. Aber sie meldete ihren Fund auch nicht; er sollte ihr allein gehören.

Als das Nachmittagshochwasser kam, wurde der Berg immer kleiner, schließlich war er nur noch eine flache Insel, umspült von den schläfrigen Nordseewellen. Er trieb aber nicht ab, und am nächsten Morgen war der Berg wieder da und fing, wenn man die Luft tief einsog, an zu riechen. Wahrscheinlich würde er bald explodieren, eine Tranfabrik für sich, dann ginge die Welt unter, so liest man es in den alten Quellen.

Erst am dritten Tag ging Tine hinüber. Die Sonne war so seltsam aufgegangen, nicht rot, sondern hellgelb, fast weiß.

Nun stand sie vor ihm. Dieser Wal warf einen unglaublichen Schatten. Und er wollte bleiben. Sein eigenes Gewicht hatte ihn erdrückt. Tine stand davor, umrundete das Tier so vorsichtig es nur ging. Jetzt sah sie in sein Auge hinein; es war nicht geschlossen. Es bewegte sich. Sie streckte die Hand danach aus. Da zuckte das Auge. Ein paar Möwen umkreisten das Tier. Noch warteten sie ab.

Sein Geschlechtsteil wog sicher ein paar Zentner und war fast zwei Meter lang, aber so genau wollte sie das gar nicht sehen. In den Bilderbüchern ihrer Kindheit war das doch auch nicht zu sehen gewesen.

Und dann der Kiefer, eigentlich unbegreiflich. Darin die Zahnreihe, genug Elfenbein, um bis ans Lebensende ausgesorgt zu haben. Ich könnte es in meine Kolonien schicken, dachte sie und machte sich schon einen kleinen Plan. Sie sah sich um; niemand da. Er gehört mir, dieser Irrgast. Dachte sie. Und wusste, wie verrückt das war. Noch dreimal umrundete sie ihn, barfuß durch warmes Wasser, das schon wieder höher stieg. Dann verließ sie ihn und verbarrikadierte sich in ihrer Stelzenhütte.

Er platzte in der Nacht, der Walbulle. Es war eine gewaltige Explosion, wie der Abwurf einer Bombe, und genauso unverständlich. Vögel wurden geweckt, schreckten flatternd auf. Tine umarmte sich unter der Bettdecke, ganz fest, aber ihr war nichts geschehen, sie war noch heil und ganz. Kap der Guten Hoffnung. Dann kehrte wieder Stille ein, doch etwas strömte aus, strömte ununterbrochen aus.

Am nächsten Morgen, beim ersten Licht, torkelte sie auf die Veranda hinaus, kletterte die Leiter hinunter, festen Sandboden unter den Füßen. Der Wal hat sich selbst zerstört, zumindest teilweise, einzelne Fleischlappen lagen herum, Hautfetzen. Nahrung für die ganze Vogelkolonie und die umliegenden Überseegebiete. Und die Vögel hatten sich schon scharenweise an die Arbeit gemacht. Nur seltsam, dass sich die Abdecker vom Festland noch nicht auf den Weg gemacht hatten. Dafür aber sah sie nun den Fuchs, zum ersten Mal erkannte sie ihn: Er trug einen roten Pelz und schien zu wissen, dass er sich eigentlich verlaufen hatte. Und unsichtbar bleiben sollte.

Tine lenkte sich ab, noch war genügend Strom in ihrer Tippmaschine, der Akku aufgeladen, Sonne über dem Solarpaneel, das schräg auf dem Dach montiert war und so aussah, als könne es nicht nur Sonnenstrahlen einfangen:

VogelBlog Number 4:
Bin ich die Wärterin? Nun gar die Walwärterin? Verfluchte Sprache, die sich immer um Genauigkeit bemüht und meistens daneben liegt. Bleiben wir bei Vogelwartin. Wärterin klingt zu sehr nach Gefängnis. Auch wenn jede Insel, und Blauort ganz besonders, ein Gefängnis ist. Ich begrüße meine Follower. Und Rinnen. So oft ich will kann ich ihre wachsende Zahl abrufen. Manchmal binde ich an einem einzigen Tag zwei oder drei neue Menschen an mich. Kommentare geben sie allerdings so gut wie nie ab. Was sollten sie mir auch antworten? Immer öfter bemühe ich mich auch um die kleinen Dinge, will den Wattwurm vom Seeringelwurm unterscheiden. Und es gibt ja auch noch den Großen Seeringelwurm und den Sandröhrenwurm. Und den Köcherwurm will ich auch nicht vergessen. Aber alles nur zur Zeit der Ebbe. Ich muss wieder raus. Noch ist der Wal da. Das heißt, das was von ihm noch übrig ist. Der Rest ist Einbildung. Abenteuerbuch der Jugend. Die Harpune in der Hand.
Ahoi,
Eure Tine.
PS: Ich bleibe bei mir.

7

Ich liege an der Spundwand. Die Schleuse wird nur bei erhöhtem Hochwasser geschlossen. Der Hafen versandet und verschlickt von Jahr zu Jahr mehr und mehr. Man hat die Gezeiten falsch eingeschätzt, die Kräfte des Meeres, berechnen lassen die sich sowieso nicht. Fürs Ausbaggern hat niemand Geld, auch Herr Sysiphos nicht. Die Segler wandern ab zur Ostsee, ins lieblichere Meer, wo immer Wasser ist.

Ich liege auf der Steuermannskoje und lese.

Seevogelfreistätte, so hieß die Insel in den alten Büchern, auch als Gefängnisinsel war sie im Gespräch, einst wurde hier sogar Landwirtschaft betrieben, im Schutz eines grünen Ringdeiches pflügte man den fruchtbaren Meeresboden. Kleiig und schwer, Marschboden.

Mich, den Versorger, hätte man zu all dem fragen können. 1937 wurde auf Blauort die größte Scheune der gesamten Westküste eingeweiht; ringsum ein eingedeichter Koog, Sommerweide für das Vieh und die Schafe. Wenige Jahre später hatte sich die Nordsee alles zurückgeholt.

Ich liege und lese. Zu Hause im Bett geht das weniger gut. Da bewegt sich nichts. Da bin ich gefangen, ohne Hoffnung auf Aufbruch. Aber im Hafen ist alles möglich: Im Traum kommt immer jemand, der meine Leinen loswirft.

Der Name meines Schiffes ist natürlich ein geliehener. *Krake*. Ein Schiff gleichen Namens gehörte einst einem Dichter. Ich erzählte schon von ihm. Doch wenn man von ihm und über ihn erzählt, fängt man immer gleich an zu raunen. Anders geht es wohl nicht. Er war alles Mögliche, auch ein Seemann. Er war ein Lehrer, ein Erzieher, ein Theatermann, Schauspieler und Zuhörer. Romaneschreiber. Aber fünf Jahre hat er auf seiner *Krake* zugebracht, weil es für ihn an Land kein Haus mehr gab, keine Schule, in der er unterrichten konnte. Irgendwo haben sie ihm eine Gedenktafel aufgestellt. Ich glaube im Meldorfer Jungfernstieg. Muss mal nachgucken. Aber vielleicht stimmt der Text auch gar nicht. Also lieber nicht nachgucken. Seine Irrwege, die politischen und auch die anderen, passen ohnehin auf keine Gedenktafel.

Die Arme der Krake reichen weit und sind ständig in Bewegung.

Ist sie noch ein Tier? Weiß sie, was an den äußersten Enden ihrer Fangarme passiert? Oh ja, sie weiß es. Darum geht es ja. Sie sammelt alles. Begutachtet es, kann sich von manchem aber auch wieder trennen, lässt los. Vielleicht im Gegensatz zu mir.

Und was machen wir mit dem gestrandeten Wal, dort auf der Sandbank? Auch so ein Unding der Natur. Ich habe ihn mir nicht einmal genau angesehen. Die Petroleumlampe über meinem Tisch fängt an zu flackern. Zeit mir noch einen Grog zu machen, auf meinem Spiritusherd gegenüber vom Kartentisch. Dann kann es dunkel werden, und mit jedem Schluck vermehrt sich die Zuversicht, dass morgen ein neuer Tag beginnt.

Als ich endlich eingeschlafen war und nicht mehr träumte, kam jemand, und löste die Taue, mit denen ich mich festgemacht hatte.

8

Ein paar Tage später war vom Wal nichts mehr zu sehen. Es musste bei einem nächtlichen Hochwasser passiert sein, dass man ihn abtransportiert hatte. Tines erster Gedanke war der Versorger. Der also hatte sich den Pottwal geholt, als Trophäe sozusagen, hatte ihn in seinen Meldorfer Außenhafen geschleppt, wo sonst ja nur die Kaninchen beerdigt werden. Nicht schlecht, Käpt'n, und für deine *Krake* wird es auch ein Erlebnis gewesen sein. Das Schiff mit dem verlässlichsten Diesel der Welt. *Made in Danmark.* Aber was wiegt so ein explodierter Pottwal eigentlich? Sie hatte keine Ahnung, und in der Luft lag immer noch dieser fremdartige Geruch.

Vogelkönigin von Blauort bin ich, sonst nichts. Die Wale gehören nicht zu meiner Welt. Ich habe anderes zu bewachen, zu beschützen.

Für Heute war nun wieder das Beringen angesagt, eine Alltagsarbeit, die sie aber eigentlich nicht gerne mochte. Ihr taten die Küken leid, ihre klopfenden Herzen, und immer hatte sie Angst, die Eltern würden ihre Jungen nachher verstoßen, ihre von Menschenhand beringten Jungen.

Auf dem Ring stand die Nummer und dann das Amt, auf dem die Listen geführt wurden. Die haben dann das Datum, den Ort und überhaupt.

Aber vielleicht käme ja auch einmal ein Seeadler vorbei und blockte auf den Pfahlresten des alten Anlegers oder ließ sich auf der vergessenen Deichkrone nieder und spähte nach Beute aus. Den Fuchs aber kriegt er nicht. Tine lacht so laut sie konnte. Mich auch nicht, denn ich lasse mich sowieso nicht beringen. Ihr Lachen war bis Büsum zu hören.

Wenn der Vollmond schien, wachten manchmal die Möwen auf und rissen mit ihren Schreien den Himmel in Fetzen. Dazwischen dann wieder die Sterne, von denen wir immer noch nichts wissen. Einen Raumfahrer würde man auf der Insel erkennen können, allein schon wegen seines umständlichen Anzugs, aber was mag dort oben los sein, auf Sternen, zehnmal so groß wie die Erde oder nur halb so groß wie Blauort.

Der Sommer, der nun kam, war hell und trocken und windstill. Ungewöhnlich für diese Breiten, Tine glaubte sich vom Rest der Welt abgekoppelt.

Sie ging nun meist unbekleidet durch den Tag, niemand konnte sie sehen, barfuß sowieso, aber auf die Kopftücher verzichtete sie nie, allein schon wegen der Sonne und den möglichen Angriffen der Seevögel. Mit Henna, das sie natürlich auch mitgenommen hatte, zeichnete sie sich ein Flugbild auf den linken Handrücken.

VogelBlog Number 5
Ich tusche gerne, Wasserfarben auf saugfähiges Papier, dann kann die Farbe die Verantwortung übernehmen. Aber ich habe auch Henna dabei. Dieses rotbraune Pulver aus dem zerriebenen Hennastrauch. Schon die Ägypter kannten es. Ich rühre es am Abend mit warmem Wasser an. Am folgenden Tag trage ich es auf den Handrücken auf: Der Flamingo fliegt. Ganz lang macht er sich in der Luft, auf meinem Handrücken. Ich könnte mich auch tätowieren, aber dazu muss man mutig sein. Alles zieht in meine Haut ein. Ich fürchte, ich langweile euch.
Gott grüßt die Kunst,
halleluja
eure Tine, die sich nicht nur ihren Handrücken bemalt.

Der Sand, der an der westlichen Kante abgetragen wird, lagert sich in Lee wieder an. Es ist also keine Mär, diese Inseln wandern tatsächlich, und der Mensch kann sie nicht daran hindern.

An der windabgeneigten Stelle kann sie seit ein paar Tagen sogar eine erste Dünenbildung beobachten, nicht höher als einen halben Meter, aber der Samen keimt aus, bringt die ersten noch sehr dünnen und grünen Halme des Strandhafers, des Halligflieders an die Oberfläche.

Höher geht es zu an der Nordostspitze von Blauort. Dort liegt der höchste Punkt ihrer Insel und er ist, so steht es geschrieben, 5 Meter und 80 Zentimeter hoch. Über Normal Null, über dem mittleren Hochwasser.

Sie nennt ihn Mount Ararat. Er scheint befestigt, mit altem strohigem Strandhafer, aber man weiß es nicht, er ist einer von den Bergen die über Nacht oder über die Jahre verschwinden können und dann an ganz anderer Stelle wieder auftauchen.

Tine steht, breitbeinig, auf der Kuppe, stützt die Hände in die Hüften, so dass man sie aus der Ferne für ein Gipfelkreuz halten könnte, und schließt die Augen. Nur so lässt sich wirklich tief einatmen. Und wieder aus. Meine Insel wandert. Ich auch.

Um sich auszuruhen von all diesen Gedanken und der ständigen Unruhe des Herzens geht sie, so oft sie kann, am Flutsaum spazieren. Das ist wie eine Meditation. Sie bückt sich. Hat etwas in der Hand. Lässt es wieder fallen. Geht weiter. Wendet Seegras und Tang mit dem großen Zeh. Was sie sucht, weiß sie nicht, sie lässt es darauf ankommen. Aber einen Einschluss möchte sie gerne zwischen den Fingern halten, ein millionenaltes Insekt, eingeschlossen in den Bernstein, auf ewig jung.

9

Ich habe mein Schiff vorübergehend verlassen müssen. Befehl von oben. Sie haben den Wal ins Hafengelände geschleppt. Aber er wurde hier nicht beerdigt. Man befreite ihn hier nur von dem noch übrig gebliebenen Fett und hievte ihn auf einen Tieflader. Vielleicht bringen sie das Knochengerüst mitsamt Wirbelsäule in ein zoologisches Museum, vielleicht verkaufen sie alles auch an ein Jahrmarktsunternehmen, das dann mit vier hintereinander gekoppelten Waggons von Stadt zu Stadt zieht. Und die Schausteller nennen ihr Tier *The Son of Moby Dick* und kassieren Eintritt. Walewatching.

Ich halte mich zur Zeit in meinem Elternhaus auf. Früher gab es im Parterre eine Buchhandlung, nun ist dort ein Tätowierladen. *No pain*. Aber der interessiert mich nicht. Wer meine Leinen in der Nacht vom Poller geworfen hat, will ich gar nicht wissen. Es ist ja auch nichts passiert. Ich trieb bei auflaufendem Wasser nur weiter in den Hafen hinein, stellte mich auf Höhe der Lagerschuppen quer und das war's.

Heute ist Freitag. Hinter meinem Elternhaus ist die Drift, dort steht immer noch, ein bisschen einsam, jener Birnbaum, den ich schon als Kind bewunderte. Warum steht er dort? Doch er trägt Früchte, Jahr für Jahr, auch wenn sich niemand um ihn kümmert. Die reifen Birnen fallen herunter, die Wespen betrinken sich daran und auch die Schmetterlinge kommen, fliegen taumelnd davon.

Hoffentlich, so denke ich, gelingt es Tine, ihre Insel freizuhalten von jeglichen Eindringlingen.

Übermorgen werde ich wieder hinüberfahren. Aber es wird, nicht nur wegen der Tide, kein Sonnabend, sondern ein Sonntag sein. Vielleicht hört man dann sogar die Glocken.

Noch einmal gehe ich die Einkaufsliste durch:

1.) Gitarrensaiten

2.) 1 Sack Reis

3.) Pfeifentabak

4.) 3 Tafeln Nussschokolade

5.) Sonnenmilch

Dazu die üblichen Lebensmittel, den Wein und die 25 Liter Trinkwasser. Wasser zum Waschen fängt sie selber auf. Es regnet oft genug. Seife benutzt sie, so viel ich weiß, keine.

Auch drei Briefe werde ich dabei haben. Mit von Hand geschriebener Adresse, also privat. Und 1 Ansichtskarte, die ich selbstverständlich nur überflogen habe. … *und pass auf dich auf, du weißt zu was du imstande bist.* Die Unterschrift war unleserlich. Doch darüber sollte ich mir keine Gedanken machen, und das tue ich auch nicht.

10

Der Seeadler kam nicht und auch kein Raumfahrer, und selbst der Versorger hatte sich verspätet. Um einen ganzen Tag. Tine verstand nichts mehr. Die Erde bebte und hob sich aus den Angeln. Doch Sonntagmittag war er da. Aber er ankerte im Priel, wollte sich nicht trocken fallen lassen. Vielleicht hat er keine Zeit mehr übrig, für mich, seine Vogelwartin, dachte sie. Vielleicht will er nur einladen und wieder weg.

Doch darin täuschte sie sich. Ich hatte Zeit genug, aber den Abschied wollte ich kurz halten.

Wie immer kam sie mir entgegen, in ihrem eigenartigen Gang, als wenn sie alles nur den Beinen überlassen wollte. Sie trug einen langen Pullover und war barfuß. An das Kopftuch hatte ich mich inzwischen gewöhnt; aber heute war es noch piratenmäßiger verschlungen als sonst. Vielleicht ahnte sie ja schon etwas. Dass ich im Priel ankerte, musste sie doch stutzig machen.

Das Wasser ging ihr bis zu den Knien, aber weiter ging sie nicht. Auf dem Rücken trug sie ihren Rucksack, und der war nicht leer, das sah man.

Sie winkte mir zu, wie immer. Ich winkte zurück, wie immer.

„Was ist los!?“, rief sie gegen den Wind.

„Ich brauche heute Wasser unter dem Kiel, will bald wieder los“, rief ich zurück.

„Verstanden. Dann wirf die Sachen rüber“, lachte sie.

Ich schüttelte den Kopf: „Ich pack alles ins Beiboot.“

„Ay ay, Sir.“

Sie stand und sah zu mir hinüber, der ich hoch auf meinem Schiff stand.

Doch plötzlich warf sie sich ins Wasser und schwamm, ohne ihre Klamotten auszuziehen, zu mir herüber.

Der Rucksack ragte aus dem Wasser. Sie ließ sich an die Bordwand treiben, hielt sich an der Badeleiter fest. Ich half ihr an Bord. Triefend stand sie nun vor mir. Wie ein Geschenk des Meeres. Mir fiel kein Wort mehr ein. Die *Krake* schwankte ein wenig, von weit her lief eine Welle auf.

Tine schüttelte sich wie ein Hund. Salty Dog. Sie fing an zu summen. Dieses Lied, das ich nicht kannte: „All hands on deck, we've run afloat …“, summte sie. Und dann wurde sie lauter und sang, sie sang es jetzt tatsächlich, hatte sie denn überhaupt keine Angst: „I heard the captain cry, explore the ship, replace the cook, let no one leave alive …“

Ich hörte ihr dabei zu. Mehr als schweigend.

Sie half mir die Versorgungskiste ins Beiboot zu schaffen.

„Ich muss die nassen Klamotten ausziehen“, sagte sie. „Du kannst die Kiste inzwischen ja schon rüber rudern.“

„Auch die Gitarrensaiten?“

„Die besonders. Und den Tabak. Und die Post.“ Sie grinste. Unternehmungslustig wie mir schien.

„Okay“, sagte ich, „wenn du meinst, bring ich die Sachen rüber.“

„Ich meine so“, antwortete sie, fing schon wieder an zu singen, verschwand dann aber in der Kajüte und zog sich die nassen Kleider vom Leib. Ich sah nicht hin. Kletterte ins Beiboot, *Tender to Krake,* und ruderte hinüber an Blauorts Strand. Die zweirädrige Karre stand dort wie immer, angepflockt am Pfahl. Ich belud sie und zog sie hinauf, Richtung Schutzhütte. Das war wie immer, ein bisschen mühsam; heute besonders, weil ich es alleine machen musste.

Ein bisschen kam ich außer Atem, das Herz klopfte. Die Stirn glänzte.

Ich hatte die Schutzhütte noch gar nicht erreicht, da hörte ich die Kette, die Ankerkette.

Ich blickte mich um, fast blieb mir jetzt das Herz stehen, ich sah Tine im Bugspriet, sie trug ein Hemd von mir, sonst nichts, aber sie hatte die Kurbel in der Hand.

Verflucht! Alter Mann in die Tonne! Ich drückte mir die Augen zu. Ein Austernfischer schreckte aus seiner Mulde auf.

Hilflos, völlig hilflos, sah ich ihr zu, wie sie nun, als wenn sie es irgendwann einmal gelernt hätte, die Ankerkette hochkurbelte. Dann schrie ich. Aber es war unverständlich, was ich schrie. Dafür sah ich, wie mein Schiff frei kam, die gute alte Krake, sich in den Strom drehte, anfing zu treiben und ich hörte noch, wie sie zu mir hinüber rief: „Bevor ich es vergesse, es gibt auf dieser Insel gar keinen Fuchs.“

Dann verschwand sie im Niedergang und es gelang ihr tatsächlich, die Maschine zum Laufen zu bringen. Meine zitternde Hochachtung! Das ruhige, zuverlässige Tuckern meines alten Diesels erfüllte nun die Luft mit seinem Gesang. Ich verstand überhaupt nichts mehr, Fuchs, welcher Fuchs? Ich ließ den Handkarren los. Griff mir an den Hals, riss die Augen auf. Dachte: Jetzt werde ich gleich ohnmächtig. Aber ich musste nur ein bisschen husten. Und setzte mich in den Dünensand.

Plötzlich wurde ich ganz ruhig. Mein Herz schlug kaum noch. Es war unheimlich. Eine große Freude machte sich in mir breit.

Ich sah, wie mein Schiff immer kleiner wurde. Und dann blickte ich nach oben, in den hellen Himmel, der aussah wie geronnene Milch, und just in diesem Augenblick tauchte ein fremdländisch aussehender Vogel auf, rosenblättrig sein Gefieder und ich sah, dass er meinem Schiff hinterher flog. Alles war gut. Der Flamingo würde durchhalten.

Ich stand auf, klopfte mir den Sand von den Knien. Und dachte an gar nichts. Später, was blieb mir sonst auch übrig, bin ich dann zu ihrer Stelzenhütte gegangen, bin hinaufgeklettert, Stufe für Stufe.

Als ich drinnen war, wusste ich schon Bescheid: EXIT. Es stand sogar an die Wand geschrieben. Mit großen hoffnungsfrohen Buchstaben. Ich blickte durch das kleine Fenster, weit hinaus und noch einmal bis hin zur offenen See. Hoffentlich hält er durch, der Flamingo, dachte ich. Und war mir plötzlich ganz sicher. Er hält durch, und Tine hebt ihren Blick und sieht ihn über sich fliegen, ganz langsam. Der Rest ist nicht mehr so wichtig. Aber da sah ich plötzlich diese Kiste und sah den Deckel, der daneben lag. Schon wollte ich sie wieder schließen, riskierte dann aber doch ein Auge und entdeckte das Gewehr. Der Lauf war abgesägt. Es sah sehr seltsam aus, wie es da lag auf einer weichen Wolldecke, ganz unschuldig. Fast wie in einem Sarg, musste ich denken, wie in einem Kindersarg, schoss es mir dann durch den Kopf, und ich zögerte lange, bis ich die Kiste wieder verschloss. Nägel hatte ich keine.

Müde war ich nun gar nicht mehr, legte mich aber dennoch auf die schmale Bettstatt mit der roten Hirtendecke, faltete die Augen und rührte mich nicht mehr.

WINDSBRAUT

Das Barometer hatte es nicht angezeigt, und ich sagte zu Lalla, meiner inzwischen festen Freundin, lass uns an die Kante gehen und übers Meer schauen. Das war ein Fehler, denn der Sturm war schon im Anmarsch, er kam übers Land, aus Nordwest. Trocken wie in der Wüste, aber unglaublich kalt. Und er nahm zu. In Böen Windstärke 9, schätzte ich. Und Lalla klammerte sich an einen Begrenzungspfahl, und ich sah noch ihre erstaunten Augen, aber dann trug der Wind sie fort.

Sie ist meine Wüstenrose. Nur wer den Stein und das Harte kennt, begreift auch die Rose. Sie hat nichts auf den Rippen, sie ist so leicht, viel zu leicht, ein Spielball nicht nur für den Wind. Lalla. Sie verwirrt uns alle mit ihrer unbeschreiblichen Schönheit, diesen Wangenknochen, diesen tiefliegenden Augen.

„Lalla!", schrie ich. „Pass auf!" Aber sie hörte mich nicht mehr. Wie so oft war sie nun schon gar nicht mehr bei sich selbst.

Kennengelernt habe ich sie in der Zeitung. Unter VERLOREN. Ich schnitt es mir aus, steckte es in mein Portemonnaie:

Am 19. Juni, nachmittags gegen 15.00 Uhr, habe ich in der Neuen Anlage mein Schlüsselbund verloren, daran hängt auch ein kleiner silberner Anker, ohne den ich nicht leben kann. Wer es gefunden hat und sich meldet, bekommt einen hohen Finderlohn. Und dann folgte eine Handy-Nummer.

Ich habe diesen Schlüsselanhänger nicht gefunden, aber ich habe sie angerufen.

Schon beim dritten Klingeln nahm sie ab. Atemlos, wie sie sich vielleicht immer meldet.

„Hallo“, sagte ich, „ich melde mich auf Ihre Anzeige.“

„Oh, haben Sie meine Schlüssel gefunden?“

„Ja, das habe ich.“

Gott sei Dank verzichtete sie darauf, mich um eine detaillierte Beschreibung des Schlüsselbundes zu bitten. Sie bat sogleich, noch atemloser, um ein Treffen.

In der Neuen Anlage, am Märchenbrunnen, schlug ich vor.

Sie war sofort einverstanden: Um 15.00 Uhr. Genau. „Und woran erkenne ich Sie?“

„Am Schlüsselbund in meiner Hand“, antwortete ich leichtfertig.

„Ach so. Natürlich dann bis morgen.“ Und sie drückte mich weg. Ich behielt ihre Stimme im Ohr. Du musst besser atmen, Mädchen, dachte ich. Ruhiger werden.

Die Kante, das Steilufer ist an dieser Stelle über zehn Meter hoch. Drachenflieger benutzen sie manchmal bei günstigem Wind als Absprungrampe. Aber heute war der Wind nicht günstig, und Lalla ist keine Fliegerin.

Auch wenn ich es gewollt hätte, ich hätte sie nicht halten können, die Bö war zu stark.

Ich ging tatsächlich anderntags zum Märchenbrunnen. Setzte mich auf eine Bank, früh genug, um mir alles einzuprägen. Der Brunnen. Auf seinem Rand knien drei halb entblößte Jungfrauen, lassen aber Platz für einen Frosch, aus dessen Maul unaufhörlich der belebende Strahl, die Wasserfontäne heraussprudelt. Ja, so gehen die Märchen.

Aber nun kam sie. Sie musste es sein. Ich wusste es. Dieser suchende Blick, voller Hoffnung.

Ich hob meine Hand. Ich hatte darin nur eine Feder, die ich auf dem Weg hierher aufgehoben hatte. Sie könnte einer Elster gehören, schwarz und weiß. Ich winkte mit dieser Hand.

Sie nahm mich erst gar nicht wahr. Ich musste mich von der Bank erheben und auf sie zugehen.

„Wir sind hier verabredet", sagte ich.

Sie starrte auf meine Hand und die Elsterfeder.

Da gestand ich ihr alles.

Die nächsten Tage verbrachten wir in einem immerwährenden Gespräch; nie verloren wir den Faden, mal wehte der Wind aus meiner, mal aus ihrer Richtung.

Dann fuhren wir ans östliche Meer, an dieses hohe Ufer. Ich lud sie ein, sie lud mich ein.

Wir mieteten uns eine dieser Katen, denen das Reetdach tief heruntergezogen ist. Wir brachten uns gegenseitig das Frühstück ans Bett. Die Dachgauben waren als Eulenfluchten gedacht, im Traum hörten wir den sonst unhörbaren Flügelschlag. Wenn wir wach wurden, schliefen wir wieder ein und wussten von nichts mehr. Täglich gingen wir spazieren, ritzten den festen Sand mit langen Stöcken, schrieben auch etwas in die Luft, kniffen die Augen zu, bis wir in weitester Ferne Land sahen, eine Insel vielleicht, ein vor Anker liegendes Schiff. Wir gingen immer den gleichen Weg, blickten aus der Höhe auf die Welt, und wieder zurück.

Dann änderte sich das Wetter. Das Barometer fiel. Unter den Wolken saß viel zu viel Wind, dennoch gingen wir hinaus. Und waren unachtsam.

„Lalla!", schrie ich und griff ins Leere. Zu spät.

Die Stelle, in der sie ins Meer stürzte, habe ich nie gefunden. So lange ich auch suchte.

Aber dennoch kehre ich Jahr für Jahr zurück an diesen Strand. Ich sitze dann auf einem Stein, habe die Beine übereinander geschlagen und bin ganz ruhig: „Lalla“, flüstere ich, so leise, dass sie es bestimmt hören kann. Und vielleicht noch einmal zurückblickt. Lalla. Mit meinen Händen suche ich dann in meinen Jackentaschen, alles Mögliche gerät mir zwischen die Finger, Streichhölzer, Münzen, Büroklammern, Zopfgummis und, da bin ich mir inzwischen ganz sicher, so ein kleiner, schon ganz abgenutzter Anker.

Aber das hilft nichts, das Verstörende an dieser Geschichte muss allein ich tragen. Dem Wind ist es egal, ihm gehört ja auch die Braut.

DIE KATZE VON KAMPEN

Die Bademeister nehmen ihre Arbeit auf. Möwen füttern verboten; das können die nämlich selber. Grüne Flagge heißt: Badezeit. Keine Gefahr. Die Bademeister tragen Schirmmützen und kommen gerne zur Hilfe, wenn dann doch einmal jemand in eine Strömung hineingerät.

Valeska kann eigentlich gar nicht schwimmen. Aber um Hilfe kann sie rufen, in sämtlichen Sprachen der Welt. Hilfe! Aiutati! Aide, aide! Komme ti Hjaelp! Please, please, help me, help me!

Und natürlich hört man sie und eilt und macht alles richtig. Sie wird gerettet und in ihren *Ziegenstall* zurück gebracht. Es ist immer gut, eine eigene Kneipe zu haben. Und der Ziegenstall ist noch viel mehr als das; er ist ein Gedicht, das sich nicht reimen muss, ein doppelter Whisky mit einem Schuss Gleichmut, eine Wunderkerze, an der sich niemand verbrennt. Und tanzen kann man hier auch, sowieso, im flackernden Licht, und auf den Ziegenstallwänden die Graffitis wie Zeichnungen aus der Steinzeit. Aufgekratzte Wände. Dazu die Namen der sonst Namenlosen, Herzen, Versprechungen, Blödsinn. Hier trifft sich das Inselvolk, die Zugereisten, die Hängengebliebenen; das Meer bleibt draußen, aber die Brandung spült, wenn sich die Stalltür öffnet, allerlei Treibgut herein. Unordnung muss sein. Heusäcke als Sitzgelegenheiten, Melkerschemel, der Jamaika-Rum stapelt sich in den Futterkrippen. „Gäste sind wie Ziegen", so begrüßt Valeska ihre Gäste, und sie ist nicht mehr die Jüngste und hat die Welt gesehen. Dabei kann sie eigentlich gar nicht melken. Und die Unordnung herzustellen, macht auch Arbeit, sagt sie und streichelt ihre Katze, die immer in der Nähe ist.

Die Flasche Champagner für hundert Mark, aber natürlich kannst du hier auch mit Spielgeld zahlen. Und der Klassiker bleibt jahrzehntelang die *Beste Gulaschsuppe der Welt.* Dazu fast jeden Abend Programm, manche Kellner können sogar Gedichte rezitieren, die aber schnell untergehen im Gemeckere der Gäste. Keine Zeit für Poesie? –

Oh doch, wir nehmen jede Währung der Welt, come in, here you can see the the kitchen and behind the bar you will find the buddelpost, read the wet letters. Please, come in, drink and look, the Ziegenstall, we are open, hands up!

Valeska ertrinkt noch lange nicht.

Sie ist siebzig, vielleicht auch schon einundsiebzig. Sie hat immer die jungen Männer geliebt, und die jungen Mädchen auch.

Als sie auf diese Insel kam, hatte sie schon ein Leben hinter sich; als Daumenkino kann man es durchlaufen lassen: Berlin. Am Anfang des letzten Jahrhunderts. Das jüdische Elternhaus. Schon als Schülerin liebte sie es, ihr Gesicht weiß zu pudern und schwarzkirschrot die Lippen. Dann fing sie an mit der Tanzerei, der Schauspielerei, der Pantomime. Alles konnte sie, und sie liebte das Groteske, lebenslang. Komponierte auf ausgeleiertem Klavier, konnte heulen und singen. Oder den Gong schlagen. War Boxer, Kupplerin, Sängerin, Heuchlerin, war Politker, Jubler und Ratte. Alles ohne Worte. Wurde verfolgt und floh, erst nach London, dann nach New York. Machte dort weiter, immer noch wild und umwerfend. Eröffnete eine Kneipe, die Bettlerbar, *Beggars Bar*. Kam nach dem Krieg zurück, geriet auf eine Insel. Hatte dort ihren Ziegenstall, gut für Verrückte, Gestrandete und Lebensfrohe.

In Westerland gibt es den Friedhof der Heimatlosen. Dort liegen all die Angespülten. Das glaubte man ihnen schuldig zu sein, den Schiffbrüchigen, den toten Seeleuten, die an den Strand trieben. Es ist noch nicht lange her, da begrub man sie an Ort und Stelle, im tiefen Sand am Kliff, setzte lediglich einen Pfahl, ohne Namen, ohne Datum. Wer zählt die Pfähle, wer weiß Bescheid?

Valeska glaubte Bescheid zu wissen. Übers Leben, den Tod, das Davor, das Danach. Sie glaubte an die Auferstehung, an die dritten Zähne, an das dritte Leben.

Jetzt haben die Angespülten einen richtigen Friedhof, sorgfältig geharkt, mit Rosen bepflanzt, mit Buchsbaum eingegrenzt und echte Grabsteine aus geschliffenem Marmor.

Wie langweilig, könnte man denken, aber, man reibt sich fast die Augen: Da hinten, diese Frau mit der Igelfrisur dort zwischen den Grabsteinen sich versteckend und wieder hervorkommend, diese Frau in einem viel zu kurzen Kleid aus lauter Servietten zusammengenäht, das könnte sie doch sein, oder nicht. Doch, doch, sie ist es. Sie ist es!

Hallo Valeska, setz dich neben uns. Noch mal Glück gehabt, oder?

Oh ja, glücklich die Glücklichen, antwortet sie und streicht sich über die Igelfrisur, pechschwarz und ungelogen: alles Natur! Bin noch lange nicht verschollen. Und lässt ihre Augen kullern. Und schüttet uns noch einmal alle Menschen, die sie gespielt und die mit ihr gespielt haben, auf das Parkett. Vorhang! Auf und zu und auf.

Eine Insel ist eine Insel ist eine Insel.

Länge mal Breite über den Daumen gepeilt, Abbruchkanten, Dünen, Wermut, Wellenschützer, Sansibar, Samoa, Buhne Soundso, Kliffende, Kupferkanne, St. Severin, Gogärtchen, Kunst, Kunst, Kunst.

Man gewöhnt sich an alles, sagt sie, und ihre Haare knistern, auch an das, was unter der Haut brennt: Eines werde ich wissen, wenn ich jemals auf mein Leben zurückblicken könnte: Es war völlig gleichgültig, welche Frau man liebte. Niemals passte der Schlüssel. Und schön waren immer die Frauen, die man nicht kannte und denen man niemals begegnen würde. Ich liebte und ich liebte und es war ein Zeitvertreib und eine Todsünde. Ich will leben, auch wenn ich tot bin.

Versprochen? Versprochen!

Ach, sagt sie dann noch und seufzt: Die Rettungsschwimmer sind so süß. Und schon ist sie fort.

Am nächsten Tag, man glaubt es nicht, ist der Strand leer, ganz leer. Nur für wenige Augenblicke, leer wie eine Bühne.

Ertrunken ist sie nicht, diese Verrückte, diese andere Tänzerin mit der schiffbrüchigen Stimme. Nein, aber als sie starb, schon weit über achtzig, klagte ihre Katze, und das Miauen war in halb Kampen zu hören. Man fand sie tatsächlich in ihrem Ziegenstall, auf einem der Heusäcke und ganz bei sich. Die Leute reden heute noch davon, hoffentlich haben sie auch richtig zugehört.

SCHWARZE GRET

In Eckernförde lagen wir auf der Werft, die Schwarze Gret und ich. Es wurde auch höchste Zeit. Von den Zinkmäusen war kaum noch etwas zu sehen, der Stahl sah ziemlich angefressen aus. Oxidation. Lappe wiegt seinen Kopf bedenklich hin und her. Nützt ja nix, da müssen wir was drauf schweißen, sonst säufst du irgendwann ab.

Und wenn Lappe das sagt, will das schon was heißen. Ihm gehört die kleine Werft hier, und er ist sonst eher ein Mann, der positiv denkt: Das schafft ihr noch, das hält noch bis Amerika. So redet er eigentlich.

Dabei wollen wir ja nur in die Eider. Und dann quer durchs Land.

Die Eider ist der seltsamste Fluss, den man sich ausdenken kann. Er entspringt ganz in der Nähe der Ostsee, doch anstatt dort zu münden, macht er plötzlich einen Knick nach links und entscheidet sich für den Umweg in die Nordsee. Hundert Kilometer mäandert er durch das Land und wird zum, allerdings ziemlich krummen, Bindestrich zwischen Schleswig und Holstein.

Aber für mich und Gret ist seine Entscheidung ein Segen, und für unseren Dampfer auch. Denn wenn wir Tönning erreicht haben, beginnt schon fast die Nordsee, mein Wattenmeer, in dem wir uns auskennen, die Schwarze Gret und ich.

Gut, wenn du meinst, sage ich zu Lappe, was muss, das muss, was kostet der Spaß denn, round about?

Tausend Dollars.

Okay. Die habe ich nicht, aber die können wir besorgen.

Er sieht mich zweifelnd an, bietet mir aber eine Zigarette an. Schweigend betrachten wir den Stahlrumpf, das Unterwasserschiff der Schwarzen Gret, Miesmuschelkolonien hängen davon herab, Algen, Seepocken, alles Mögliche, letzte Krebse flüchten. Wir lagen zu lange im Hafen. Ich weiß. Dort verdirbt man. Und rostet. Und wird unzufrieden.

Und noch ein Zug, tief und auf Lunge.

Die Zinkmäuse (der Fachmann nennt sie *Zink-Anoden*, und sie dienen der Vermeidung von elektrolytischer Korrosion unter Wasser) haben sich wirklich völlig aufgelöst.

Morgen fangen wir an, sagt Lappe und hat nun wirklich keine Zeit mehr für mich.

Ich klettere die Leiter empor. Hoch überm Wasser liegt mein Dampfer. Aufgebahrt im Slipwagen. Einen Anker brauche ich nicht mehr.

In der Koje liegt Gret. Immerhin hat sie die Schuhe ausgezogen. Eigentlich treffen wir uns sonst nur im Wattenmeer. Zur Zeit der Hohlebbe. Wenn sie, als wäre sie einer alten Meeressage entlaufen, in ihrem langen schwarzen Kleid daher kam, drüben, auf der anderen Seite vom Heverstrom übers hohe Watt die Spuren in Sand und Schlick setzte. Und der Saum ihres Kleides wischte über die Muscheln und Gräten, über die trockenen Knochen und Federn. Wattwürmer kringelten ihre kleinen Aussichtshügel empor. Ihre Spuren füllten sich schnell wieder mit Wasser; sie konnte auch rückwärts gehen, die Gret. Das ist ein alter Indianertrick. So führt man die Verfolger in die Irre.

Dass ich meinem Schiff ihren Namen gab, war ja wohl klar. Trotzdem fühlte sie sich geehrt: Zwölf Meter über alles, breit wie ein Ewer, aber ohne Mast und Takelage, kein Segel, nicht mal unter Deck, kein Klüverbaum, wie gesagt:

ein Dampfer. Marke Eigenbau. Kohlen muss ich aber nicht mehr schaufeln, und der Heizer hat frei. Am Bug ein gewaltiges Ankergeschirr und drinnen: Stehhöhe.

Rück mal ein Stück.

Mit Gret in einer Koje zu liegen, ist wie die Rahmenhandlung einer Novelle. Sie macht mir Platz, und ich lege mein Ohr an ihren Mund. Sie ist ein arges Zauberweib und für eine gute Geschichte bin ich immer zu haben.

Du kannst mitspielen, sagt sie und legt mir die Hand über die Augen. Und während über Eckernförde, die kleine Werft und den alten Hafen langsam die Nacht ihre löchrigen Tücher zieht, beginnt schon wieder unsere Wanderung übers Watt bis hin zu den namenlosen Vogelsänden.

Weißt du noch, weißt du noch: vergangenen Sommer. Unsere Schuhe tragen wir in der Hand, denn in denen wollen wir ja noch tanzen. Wir sind eingeladen zu einem abendlichen Fest, dort drüben. Noch aber stecken wir knöchel- , manchmal sogar knietief im Schlick. Der Wind. Sehr stark, aber auch sehr warm. Tageshelle. Und plötzlich die Gewissheit, dass es nur eine ganz dünne Haut ist, die man wegreißen muss, um ans Leben heranzukommen. Also weiter. Beim Gehen kommen einem die besten Gedanken, sage ich, der Mitspieler. Sowieso. Doch dann der breite Priel vor uns, die Abbruchkante. Klaffmuscheln. Nur Mut! Ums Schwimmen kamen wir aber nicht herum.

Draußen macht sich ein Wind an den Tauen und Wanten zu schaffen, schlägt gegen den Mast. Und überall regnet Sternenlicht durch die Tücher. Wir strecken uns in unserer Doppelkoje. Immer mehr, immer weiter.

Und haben plötzlich großen Mut und schwimmen durch den Priel, Gret in ihrem langen Kleid, ich, auf dem

Rücken liegend, die zwei Paar Schuhe emporstreckend, dass sie uns nicht untergehen, bevor es soweit ist. Blau sind die meinen, und grün die ihren. Tanzschuhe eben.

Als wir die andere Seite erreicht haben, ist dort das Watt hoch, trocken und fest. Gret wringt ihren nassen Kleidersaum aus; dabei sehe ich ihr weißes Knie, das leuchtet wie Marmor. Sie lächelt, legt einen Finger auf ihre Lippen. Fische, Vögel und Wolken. Voller Mut und Lebensfreude wandern wir weiter.

Da entdecken wir die Schleifspur. Als wenn jemand, ohne eigene Spuren zu hinterlassen, nur einen schweren Sack übers Watt gezogen hätte. Gret legt zwei Finger auf ihre Lippen: Alle herrenlos antreibenden Güter gehören dem König.

Doch was der König nicht sieht, gehört im nicht, antworte ich.

Unwillkürlich musste ich an meinen Onkel Hans aus Oldendorf denken. Der stopfte gerne etwas in Säcke hinein, am liebsten Schafwolle, dann war der Sack federleicht und er konnte ihn sich, sehr zum Erstaunen aller Anwesenden, mit einer Hand auf die Schulter legen.

Doch dieser Sack hier muss viel schwerer gewesen sein. Mindestens so schwer wie eine Meeresjungfrau, wie ein gehörnter Widder, ein blinder Passagier oder hunderttausend Muscheln.

Seine Spur läuft durch Sand und Watt, geht durch Priele und setzt sich am anderen Ufer wieder fort. Doch dann bricht sie ab. Wie eine Vogelspur, die genau so plötzlich wie sie beginnt, wieder enden kann.

Aber am Horizont, der plötzlich so nah ist, dass wir ihn schon fast mit der Stirn berühren, taucht jetzt der helle Streifen auf, leuchtend und blendend wie nichts, das ist der äußere Sand, großer und kleiner Vogelsand. Nur zwischen den Gezeiten betretbar. Sonst eine Insel allein allein.

Unsere Kleider sind getrocknet, kein Vogel weit und breit, aber sonst sind alle da. Die längst verloren geglaubten Gestalten, Freunde und Freundinnen. Der Postschiffer ist da, und natürlich auch der gewissenhafte Rungholtforscher, der schon wieder ein Fundstück in der Hand hält. Wir erkennen Braren, den Wattenmaler, sein Malboot, schwer beladen mit den grauen Farben, auf den Sand ziehend. Die Halliggräfin wird noch kommen, ganz bestimmt; sie kommt so gerne zu spät. Onkel Hans winkt mir zu, ein paar junge Mädchen aus Basbeck nähern sich, auch scheue Seehunde kommen an Land, die Wirtin vom Fährkrug in Schlüttsiel beäugt uns alle und endlich befreit sich aus dem Sackleinen auch der alte Vogelkönig und richtet sich auf, den Knotenstock, mit dem er die angreifenden Seevögel abwehren muss, gen Himmel gerichtet: König vun Norderoog dat bün ik. Wenn ich mit jemand reden will, dann rede ich mit den Vögeln.

Gret und ich lassen uns fallen, schlagen, wie die Kinder, einen Adler in den Sand. Erst dann probieren wir die Schuhe an. Sie passen, und das ist kein Märchen! Doch wer tanzt mit wem? Wer bekommt den ersten Tanz?

Keine Frage, die Gret, die ist die meine. Und alle anderen, ganz unbeschuht und barfuß, bilden einen Kreis um uns. Der Tanz beginnt. Hände flattern wie Vögel, Wind und Wellen spielen die Harfe, die Seehunde heulen und bellen. Ja, so war das vergangenen Sommer, und so spiele ich es immer wieder: Wie auch sollte sie denn ihre Schönheit verbergen können? Ich habe doch Augen, habe doch Hände und Fingerspitzen, die nicht nur fühlen können.

Selig also schlief ich wieder ein, fing ein paar neue Träume und Romane an und hielt Gret dabei fest umschlungen.

Doch dann kippte der Strom, das Wasser kam zurück. Die Tanzenden und auch die im Kreis stehenden hatten keine Zeit mehr zu verlieren. Für einen kurzen Wimpernschlag durfte ich meine Augen noch einmal öffnen.

Am nächsten Morgen aber haute Lappe mit der Schaufel gegen den Rumpf: Aufstehen!! hieß das. An die Arbeit! Gret war nicht mehr da. So ist das fast immer am Morgen.

Notgedrungen zog ich mir das Ölzeug an, band den Südwester fest unters Kinn und nahm den Hochdruckreiniger in die Hand. Wie die Muscheln davonspritzten, die Algen sich drehten und verschwanden, die alte Farbe sich abhob. Oh, jaah, ich drehte voll auf. Alles spülte in die geduldige Ostsee hinein; Lappe guckte schon ein bisschen kritisch. Das merkt doch keiner, das merkt doch keiner, beruhigte ich ihn.

Ein paar Tage später war mein Schiff neugeboren, alle Leckstellen zugeschweißt, Rostschutz und rotes Antifouling drüber und ein leuchtend weißer Strich auf Höhe der Wasserlinie, Smaragdgrün das Überwasserschiff. Und der Namenszug in wohl verschlungenen Buchstaben. *Schwarze Gret*. Die Eckernförder staunten: Wie neu!

Die tausend Dollars werde ich mir von der Gräfin leihen, wenn sie denn nächstes Mal kommt. Jetzt holte ich mir erst einmal ein Fischbrötchen. Und noch eines.

Montag soll ich wieder zu Wasser. Zwei Matjes, paar Zwiebeln, halbes Salatblatt. Damit klettere ich die Leiter hoch, gehe an Bord und setze mich ins Achterschiff. Noch zweieinhalb Tage, langes Wochenende. Ich lasse meinen Blick über das Hafengelände schweifen, die aufgebockten Boote, halbfertige Rümpfe, gelegte Masten, vergessene Farbeimer. Ahoi! Im Schuppen der Werft läuft ein Kofferradio, so sagt man doch wohl, ein Kofferradio, niemand stellt es aus, auf Matrosen ohé, Welle Nordnordost, rund um die Uhr.

Die schwarze Gret, so erzählte man mir, führe ein gottloses Leben; mir ist das gleich, man darf ihr nur keine Engel zeigen. Und alles, was ich von ihr will, denke ich mir sowieso selber aus.

Nachts setzen sich Möwen auf die Reling, als wären sie die halben oder ganzen Noten. Natürlich kann meine Gret singen, sogar den Ton halten und Noten lesen kann sie auch. Aber ich kann eine Herings- von einer Mantelmöwe unterscheiden und weiß, dass die Albatrosse im Flug schlafen können.

Am Sonntag gehe ich in die Fischerkirche, dort oben auf dem Ostufer, überm Altar hängt seit hundert Jahren, ohne voranzukommen, die Dreimastbark *Speranza*. Der Pastor erklimmt die Kanzel, als wäre es sein Ausguck und als hätte er dort seine Instrumente liegen, den Sextanten, das Astrolabium, die Signalflaggen und den heutigen Predigttext: „Liebe Gemeinde“, so hebt er an, und ich wecke die schwarze Gret in mir, damit sie zuhöre: „Vor Gott und den Menschen sind wir hier versammelt, um zu hören, wie es geschrieben steht.“

Doch Gret hört nicht zu, und ich auch nur mit halbem Ohr: „Das Boot war nun schon so weit vom Land entfernt, das es durch der Wellen Kraft in Not geriet, denn der Wind stand ihnen entgegen. Das sah Jesus, der allein auf seinem Berge stand, und er kam zu ihnen und ging auf dem Meer. Da sie ihn nun so auf dem Meer gehen sahen, erschraken die Junger und riefen laut. Siehe dort, er ist ein Gespenst.“ Als die Glocken anfingen zu läuten, war Ende, und wir standen alle auf, nur oben an der Kanzel brannte noch das Licht, das Toplicht, der Pastor hatte vergessen, es auszuknipsen. Dafür gab er uns allen die Hand.

Nachmittags ging ich Eis essen, bei Cortina, eigentlich mag ich kein Eis, und wenn dann nur Pistazie und das grüne Zeug. Waldmeister, weil Sommer ist. In dem Aschenbecher auf meinem Tisch lagen ein paar goldene Knöpfe, wie von einer Kapitänsjacke abgesäbelt.

Ich betrachtete sie nachdenklich, hatte hier wirklich jemand abgemustert? Wollte der jetzt vielleicht Walzer tanzen, an der blauen Donau? – Doch das ging mich nichts an. Im Löffel immer noch ein bisschen Waldmeister.

Als ich zum Abend hin, es hatte inzwischen angefangen ganz leicht zu regnen, in meiner Koje lag, hob ich meine Arme und bat um gute Ausfahrt. Und einmal war mir sogar so, als wenn sich Gret über mich beugte.

Dann war der Montag endlich da. Lappe hatte alles in der Hand, die Fernbedienung am langen Kabel setzte er den Slipwagen in Gang und ganz langsam ließ man mich wieder zu Wasser, und die mich sahen, nickten wohlgefällig, und ich schwamm auf, warf den Diesel an, das vertraute gute Geräusch.

Mit beiden Händen hielt ich nun die Pinne, als wäre sie eine Deichsel. Nicht einmal ein Steuerrad besitzt mein Dampfer. Also blickte ich zurück und steuerte langsam aus der Bucht heraus. Die See war kaum bewegt.

Nach langer Alleinfahrt erreichte ich schließlich anderntags die Giselauschleuse, wartete auf die Schleusenwärter und hatte dann meinen Fluss erreicht. Das Eiderland, im späten Nachmittagslicht, Bäume verdoppelten sich im stillen Wasser. Die Ufer rechts und links wie gemalt, zeitlos verlaufende Aquarelle. Aber das Licht schwand. Zusehends.

Im Schilf jedoch stand immer noch der Eidermaler Jansen. Panne, seine Frau wird schon mit dem Abendessen auf ihn warten, sie hat Geduld mit ihm. Und vielleicht gibt es

Heidschnuckenbraten mit Steckrüben und Moorkartoffeln. Eigentlich ist er ein Zeichner, ein meisterhafter, man wird ihm irgendwann, spätestens wenn er tot ist, ein Museum einrichten.

Er kennt mich nicht, dennoch winken wir uns zu. Und ich verlangsame meine Fahrt, so dass er den Namen meines Schiffes lesen kann. Sofern er ihn lesen mag. Vielleicht mag er auch nicht, vielleicht ist er Analphabet und kann nur seine eigenen Striche entziffern. Die Rosen, das Schilf, die Wasserpest, die Rosetten, das schwarze Ebenholz, die Moorbirken, von all den weiblichen Linien und Wünschen ganz zu schweigen. Ich winke noch einmal, lasse eine kleine Bugwelle zu ihm herüber laufen. Wie er dort hockt, wie ein Jäger auf seinem dreifüßigen Klapphocker, aber er legt kein Gewehr auf Enten und Blässhühner an, nein, er hält seinen Zeichenblock im Schoß und in der rechten Hand einen Stift, eine Feder oder was auch immer. Ihm gehört ganz sicher jede Phantasie dieser Welt. Da lohnt es sich auch für mich, Anker zu werfen. Lege also meinen Dampfer in den Strom. Und wirklich, er blickt auf, als er die Kette rasseln hört.

„AHOI."

Ich grinse, habe alle Zeit der Welt. Mache mein kleines Beiboot klar. Aber das scheint ihn nicht zu interessieren, ist schon wieder mit der Feder in seinem Bild.

„Wir kennen uns nicht", sage ich, als ich nun, im Schilf, ein paar Meter neben ihm stehe. Erschreckt fliegt ein Rohrsanger auf, der wohl in den hohen Halmen sein Nest hatte.

„Genau", sagt er und zeichnet weiter, erklärt mir aber, wie er mit verdünnter Tusche und altmodischer Rohrfeder die Rohrkolben am Ufer auseinander nimmt. Strich für Strich. Das geht dann schon ins Abstrakte.

„Ja“, sage ich, nicke schweigend und bemühe mich um den langsamen, alles verstehenden Blick.

Aber Jansen, klein von Statur, mit runder Nickelbrille und aufgeworfenen Lippen, quasselt nun plötzlich los: „Glück's genug“, sagt er und fährt fort: „Es ist gut, dass ich es anders mache. Die Linie allein beschreibt alles. Also, da ist die Landschaft. Für mich die Sättigung am reinen Lineament, ich scheide Licht von Finsternis, Moor von Horizont. Landschaft besteht aus lauter Einzelheiten, Landschaft ist Geplapper ohne Thema. Und jeder Angler, es darf auch ein Jäger sein, wird einfach nur hineingekritzelt ...“ Und so weiter und so weiter. Manche Fische kommen jetzt, als hätten sie Ohren, sogar an die Oberfläche. Und tauchen dann wieder ab. Man könnte auch sagen: Sie unterwerfen sich seinen Worten.

Aber dann ist die Zeichnung tatsächlich fertig. Eiderland. Das Datum kann ruhig auf dem Kopf stehen. Das Kürzel des Künstlers beizeiten geübt.

„Kommen Sie mit“, sagt Jansen.

Und gemeinsam zieht es uns nun auf den Eiderdeich hinauf. Ein letzter Blick hinunter zur *Schwarzen Gret*, die ruhig und sicher liegt, der nächste Blick dann gilt schon der weit- und flussläufigen Niederung, die in der Ferne vom alten Steilufer begrenzt wird.

Dort oben, verrät mir der Eidermaler, der ein Zeichner ist, hat er seinen Schuppen, sein Atelier, und Panne, das mag wohl seine Frau sein, würde schon mit dem Abendessen warten. Wenn ich gut zu Fuß wäre, könnte ich mitkommen und ihm helfen, seine Utensilien zu tragen. Dann bekäme ich auch noch einen Teller ab. Es gäbe Heidschnuckenbraten mit Steckrüben und hellen Moorkartoffeln.

Ich denke nach, schüttele aber dann bedauernd den Kopf. Es ginge nicht, ich wäre ja nicht allein an Bord.

Da sieht er mich an, fast ein bisschen zu luzide, und kneift das linke Auge zu: „Wie heißt sie denn?"

„Gret."

„Sie kann ja mitkommen."

„Sie schläft."

„Macht nichts. Wecken wir sie."

Da tippe ich an meine nicht vorhandene Mütze, bedanke mich für die Zeichenlektion, soll heißen: Sie lässt sich nicht wecken.

Nun muss er seine Utensilien alleine tragen. Ich sehe ihm lange nach. Er wird immer kleiner, aber der Wimpel, dort oben am Geestrand, wird immer größer: Zwei Augen auf blauem Grund.

Panne, die Abendbrotfrau, wird schon in der Tür stehen. Gewiss hat er auch noch andere Namen für sie. Aber ein bisschen außer Atem ist er inzwischen schon. Panne nimmt ihm ab, was ihn beschwert, und natürlich, das wissen beide, wird sie nicht die einzige Frau in seinem Leben gewesen sein. Doch geliebt hat er sie alle, überschwänglich und nicht nur mit dem Zeichenstift, die Musen, die Briefempfängerinnen, die Angehimmelten, die Köchinnen, die Modelle für seine uferlosen Realitäten. Das Leibliche und das Geistliche, es hat immer am gleichen Tisch Platz.

„Jetzt setz dich doch erstmal, Jansen", sagte Panne also. Und während sie dort oben nun speisten, tafelten und tranken, alles zu zweit, hievte ich mich wieder an Deck dort unten auf dem stillen schwarzen Fluss. Und siehe, ich muss den Abend nicht allein verbringen. Sie richtet sich in der Koje auf und ich erzähle ihr von meiner Malerbekanntschaft. „Weißt du", sage ich, „er ist so ganz anders als unser Wattenmaler Braren." „Das will sie hoffen", meint Gret und wirft die Decke über mich. Gefangen. Während das schwarze Tuch über das Eiderland gezogen wird, planen wir die noch kommenden Tage. Derweil lässt es sich Jansen gut gehen, zum Essen braucht er keine Brille. Aber Genießen war noch nie ein leichtes Spiel. Hätte ich ihm von der schwarzen Gret erzählen sollen, hätte er mir zugehört?

„Es nützt ja nichts“, flüstert Gret, „du musst dein Schiff verkaufen.“

Mir ist, als hätte ich mich verhört: „Verkaufen? Der Rumpf ist wie neu. Lappe hat doch gute Arbeit geleistet.“ Da schluckt sie, laut und deutlich: „Du kannst es ja mir verkaufen.“

Ich denke nach. Suche ihre Hände. Finger für Finger. Wie viel will sie haben? Wohin will sie mich schicken? Für immer an Land? Kleine Eigentumswohnung mit Küche und Balkon? Reisen nur noch im Kopf? Neue Freunde?

„Und dann?“, frage ich.

„Bist du frei“, antwortet sie und hält dabei die Hand auf, sieht mich an mit den Augen der tiefen See.

„Und das Wattenmeer, die ewige Grundberührung?“

Jetzt zieht sie mich noch einmal unter unsere Decke. Ich halte die Luft an, warte auf die Welle, die dann gar nicht kommt.

Jemand schleppt einen Sack übers gerade erst trocken gefallene Watt, ein anderer folgt der Schleifspur. Ich muss mich entscheiden, wer von den beiden bin ich?

Es war ein langer langer Traum, ich hütete mich auch, ihn zu unterbrechen, so schleppte ich einmal den Sack, zog ihn durch die flachen Priele, hob ihn über die Buhnen, und dann wieder folgte ich ihm und trat auf die Schleifspur, als könne ich ihn damit festhalten; die schwarze Gret hielt sich im Hintergrund, aber ich glaube, sie hat alles beobachtet.

Als sich dann der Morgen aus der leichten Nebeldecke schält und sein mattes Licht über das Eiderland wirft, habe ich meinen Dampfer bezahlt. Die schwarze Gret kann zufrieden sein. Der Sack, den ich ihr hinterlasse ist noch leichter als der, den sich Onkel Hans auf die Schulter warf, ist leichter als Schafwolle, ist leichter als Eiderentendaunen, leichter als eine Wolke. Ja, dieser Sack ist so leicht, dass sie ihn kaum noch halten kann, und als sie ihn loslässt, steigt er einfach auf und die Luft schäumt um ihn wie die Wellen um einen Schiffsbug. Es ist vorbei.

Eine letzte Umarmung, ein letzter schwindender Tanz auf dünnen, vielleicht sogar schlecht genieteten Decksplanken. Dann wünscht sie mir ein langes glückliches Leben: Jetzt kommst du ohne mich zurecht, soll das heißen. Ich nicke. Vermutlich wird sie den Fluss nun umleiten. Aber das ist mir egal, ich mustere ab. Und entferne mich. Und werde nicht mehr zurückkehren, nicht einmal als ein anderer.

Noch einmal über den Deich, dann durch die Niederung, die meisten Gräben schaffe ich ohne Stock im freien Sprung. Der Boden bebt und schwankt.

Doch schon bald liegt der Geestrand vor mir, der Kleev, wie sie hier sagen, und der Wimpel vom gestrigen Tag ist auch heute nicht zu übersehen. Zwei Augen auf blauem Grund. Der Maler flaggt. Ich klettere zu ihm hinauf. Doch er ist nicht zu Hause. Das spüre ich. Seine Aura fehlt, das kunstreiche sentimentale Selbstgespräch. Und die Flagge lacht mich aus.

Aber eine Frau, die Haare zu einem kleinen Turm verschlungen und mit Stricknadeln gesichert, öffnet mir in aller Freundlichkeit die Tür. Vielleicht hält sie mich für einen verirrten Wanderer, aber auf jeden Fall für einen, der Hilfe nötig hat, und deshalb sagt sie einfach bloß: „Der Kaffee ist noch warm."

So sitze ich alsbald in einer fremden Küche, die mir seltsam vertraut vorkommt, überall liegen Blätter herum, Zeichnungen, Skizzen, es gibt so wenig Zeichner auf der Welt, denke ich, es muss wohl eine Gottesgabe sein, nur sehr selten vergeben, und meine Augen streifen über das so lebensfreundliche Chaos. Am Anfang, denke ich, war nichts.

Der Kaffee allerdings ist nur noch lauwarm. Jansen, der gottähnliche Zeichner, hat wirklich schon in aller Frühe das Weite gesucht. Heute spielt er vielleicht auch den Eidermaler, wer weiß, nimmt den Pinsel zur Hand und zaubert ein Aquarell aus Schäfchenwolken, halb entblößter Anglerin und Eiderwasser.

Ich nehme den letzten Schluck, will nichts zur Erinnerung hierlassen, bedanke mich artig und verabschiede mich. Die Frau, sie heißt wohl Panne, zieht sich eine Stricknadel aus dem Haar und schenkt sie mir. „Zur Erinnerung", sagt sie.

„Bedankt", sage ich. Und stehe alsbald draußen vor der Tür. Der Wimpel aber ist verschwunden. Wohin soll ich mich nun wenden?

Kein Blick zurück! Das schwöre ich mir, und das ist gut so. Denn hätte ich mich wieder auf den Rückweg gemacht, hätte ich dort unten weder den Fluss, noch meinen Dampfer, noch diese unzuverlässige Traumfrau namens Gret wiedergefunden. Umgeleitet, alles umgeleitet!

Ganz kurz wird mir schwarz vor den Augen. Ich hebe meinen Kopf, bis es im Nacken knackt. Doch dann bin ich frei. Schneide mir eine Haselnussgerte ab, mit der ich die neue Morgenluft dirigieren kann, die aber auch als Spazierstock taugt.

Gegen Mittag habe ich ein mir gänzlich unbekanntes Land erreicht, einen ausgedehnten Mischwald, in den Wipfeln Eichhörnchen und zeternde Häher. Das Farnkraut geht mir stellenweise bis zum Bauch. Beherzt fasse ich meine Gerte fester.

Am späten Nachmittag dann das erste Gehöft. Ein Bauer auf seinem Traktor, in seinem Sessel hoch über mir, geht mit dem Fuß vom Gas, hält an.

Ich klettere auf den Beifahrersitz, einfach so, unterhalten müssen wir uns nicht. Alles ist klar und unser Ziel sind nicht die Außensände, sondern ein Ackerland, viele Hektar groß, auf dem die Kartoffeln blühen. In langen Reihen stehen sie. Und blühen. Da steigen wir ab. Betrachten lange und schweigend die Fruchtbarkeit, für die hier ein Mensch verantwortlich war. Im Herbst etwas zu ernten ist nicht das Schlechteste, denke ich und bücke mich, um eine Handvoll Erde zu nehmen.

Eigentlich war ich immer ein Bauer, und wenn ich die Tangwälder und Algenkulturen von den Rümpfen meiner Schiffe kratzte, war es wie das Ernten von fremdartigem Gemüse, frisch vom Acker. Doch das sage ich dem Bauern nicht, der schon wieder auf seinem gepolsterten Thron sitzt und mit dem Traktor davonfährt.

KORMORANE

Von weitem sahen sie aus wie drei Menschen, die ihre Flügel trockneten. Aber ich weiß ja, wie sehr das Watt zu optischen Täuschungen verführt.

Als ich näher kam, gaben sie sich zu erkennen, flogen aber nicht fort. Vielleicht hielten sie mich für einen Ungefährlichen. Das aber war ich nicht.

Vor etlichen Jahren hatte ich eine Frau im Priel unter Wasser gedrückt. Eine Tat, die ich mir bis heute nicht erklären kann.

Ich bückte mich. Hielt einen Einsiedlerkrebs in der Hand, der vor Schreck fast sein Haus aufgegeben hätte. Die Kormorane äugten herüber. Ich tat dem Einsiedlerkrebs nichts, war ja selber einer. Die Flut kam. Und ich ging zurück an den Grünstrand, immer wieder das Spiel mit den geschlossenen Augen probierend. Unter meinen Füßen, das lebende Watt. Die Spritzfontänen der Klaffmuscheln im tiefen Grund. Die Sandkringel der Wattwürmer.

Die Frau war mir schon in den vergangenen Tagen aufgefallen. Wie immer ging sie auch heute unbekleidet und wie immer am Saum des auflaufenden Wassers entlang, zehn-, zwanzigmal hin und wieder her, wie in Trance, in gleichmäßigen Schritten, ganz bei sich und nur für sich. Irgendwann hatte das Wasser die Kante erreicht und sie setzte sich glücklich, wie nach getaner Arbeit, auf einen von der Sonne erwärmten Stein. Ich setzte mich neben sie. Sie merkte es gar nicht. Aber als ich sie ansprach, erschrak sie und bedeckte ihre Blöße mit den Händen.

Plötzlich erinnerte sie mich an die Frau, die ich einst unter Wasser gedrückt hatte.

„Das Wasser kommt schnell“, sagte ich, und sie wandte sich halb von mir ab. „Oh, ja.“

Die Kormorane dort draußen waren längst aufgeflogen, aber sie würden wiederkommen und mich im Auge behalten. Auf der Haut der Frau neben mir glitzerten die Salzkristalle. Ich sah genau hin. Und wunderte mich, dass sie so tapfer neben mir aushielt.

„Machen Sie hier Urlaub?“, fragte sie.

„Nein, ich wohne hier.“

„Ich auch.“

„Kennen wir uns?“

Ich sah, wie ihre Augen unstet wurden: „Woher denn?“

Dann stand sie auf und ging grußlos.

Ich sah ihr nach, und sie blieb genau auf der Linie, die mein Auge ihr vorschrieb.

Einmal war mir sogar so, als wenn sie sich umdrehte, aber das konnte eine der üblichen Sinnestäuschungen sein, und ich lenkte mich lieber ein bisschen ab, ging Treibholz sammeln, seltsam geformte Hölzer, Faschinen mit Seepocken darauf, einen ausgeblichenen Seevogelkopf, eine gut verkorkte Flasche ohne Inhalt.

Doch später traf ich sie am Deich wieder. Sie saß, mit einem Badelaken bedeckt, in einem Strandkorb und hatte ihre Augen hinter einer Sonnenbrille versteckt.

„Darf ich?“, fragte ich, und wunderte mich, dass sie mir bereitwillig Platz machte.

„Sie sind ziemlich dreist, wissen Sie das?“, sagte sie und gab mir von ihrem Badelaken ab.

„Eigentlich bin ich schüchtern.“ Mehr fiel mir nicht ein. Das auflaufende Wasser hatte nun die Steinböschung erreicht, die Sonne stand tiefer. Das Meer glitzerte, blendete. Ich schloss meine Augen. Die Frau neben mir roch nach Sonnenmilch und nach sich selbst. Das Badetuch war weich und blau und die Windrose, die darauf gedruckt war, verrutschte ein wenig. Aber Norden blieb Norden.

Jetzt fing sie, um das Schweigen sanft zu untermalen, an zu erzählen. Erzählte mir, wie sie einmal in dem großen Priel dort hinten, und dabei wies sie mit ausgestrecktem Arm in die ungefähre Richtung, obwohl dort nun alles vom auflaufenden Wasser überspült war, wie sie dort einmal unter Wasser geraten war. Ein Spiel, dass sie fast das Leben gekostet hätte. Aber der Unbekannte ließ dann doch von ihr ab. Leben, Liebe, Tod, oder so ähnlich; sie hätte ihn gar nicht richtig verstanden. Ich hörte ihr aufmerksam zu. Ein Verrückter, den sie nicht vergessen könnte. Eine Erregung, die sie nicht vergessen wollte. Ein Spiel.

„Interessant“, sagte ich.

„Man weiß ja gar nicht, was sich in unserem Unterbewusstsein verbirgt.“

„Vielleicht ist es wie bei den Klaffmuscheln, dort in der Tiefe, die ja nur ihre Wasserfontänen nach oben schicken.“

Das verstand sie nicht; aber ich wollte es ihr auch nicht erklären. Es war inzwischen kühler geworden. Sie stand auf und zog sich an, und ich sah ihr dabei zu. Wie immer fasziniert von der Art und Weise, wie es Frauen gelingt, blind in ihrem Rücken die Häkchen zu schließen. Sie lächelte.

Nun musste auch ich mich anziehen. Den Strandkorb hatte sie für eine Woche gemietet.

„Dann bis morgen am Priel“, sagte sie, und ich blickte ihr nach, wie sie, die Badetasche über die Schulter gehängt, hinter der Deichkuppe verschwand.

STURMFLUTKINO

Und wenn die ganze Erde bebt und die Welt sich aus den Angeln hebt. Mich kann sowieso nichts mehr erschüttern. War schon vor Ewigkeiten im Sturmflutkino auf Hooge. Das kostete damals, in den Achtzigern, fünfzig Pfennig Eintritt (was mich sogleich an Hagenbecks Völkerschauen erinnerte: Mit fünfzig Pfennig um die ganze Welt), man saß in einem kleinen muffigen Raum (die Immerfeuchtgebiete der Halligen) und auf einer mittelgroßen, nicht ganz faltenfreien Leinwand sprang ein Film an.

Das flimmerte wie die See, da waren Fussel zu sehen, tausend Fussel, angespült wie Treibgut aus unbekannten Richtungen, da kommentierte eine Männerstimme, die sich noch aus den Wochenschauen herübergerettet hatte, da heulte ein Sturm, wie es kein Geräuschemacher besser machen konnte.

Ich saß fast allein in diesem Wohnzimmerkino und manchmal, wenn ich nicht aufpasste, schwappte mir die Flut direkt vor die Füße.

Mit mir saß in diesem Raum nur noch eine andere Person, die sich in ein Kopftuch gehüllt hatte, also eine Frau sein musste oder ein Mädchen. Vielleicht schlief sie auch. Die Filmspule ächzte, so hart wurde das Wetter nun doch; man meinte Menschenschreie zu hören, das Gebrüll von ertrinkendem Vieh. Selbst der Postschiffer Fiete kam kaum noch durch.

Wollte ich mir das wirklich alles antun?

Aber, so beruhigte ich mich, das kann doch einen Seemann nicht erschüttern, außerdem gehörte Landunter zum täglichen Brot der Halligleute. Sie nahmen es mit Gefasstheit hin, mit Gottvertrauen und dem festen Glauben an die Erhöhung ihrer Warften aus Mitteln des allgemeinen Küstenschutzes, europaweit, wie uns der Lautsprecher versicherte.

Mit diesem Ausblick in eine segensreiche Zukunft endet das Sturmflutkino für fünfzig Pfennig. Noch ein paar letzte Balken, Ziffern und Zacken laufen verwackelt über die Leinwand, dann stellt der Projektor sein Surren ein, und das Licht geht an.

Ich räuspere mich.

Nichts. Sie bewegt sich nicht. Sollten sie dort eine Puppe hingesetzt haben, damit sich der Kinobesucher nicht so einsam fühlt?

Ich bin so unschlüssig, dass ich mich wieder hinsetzen muss. Nach einer Weile beginnt der Film von Neuem. Ich aber nutze die Gunst der Dunkelheit und setze mich neben die Puppe. Sie lebt.

Sie dreht, im Zeitlupentempo, ihren Kopf zu mir. Schiebt das Kopftuch ein bisschen aus dem Gesicht. Ich kann mir ihre Augen vorstellen.

Doch dann reißt der Film. Und es wird noch dunkler.

„Keine Angst, keine Angst, Rosmarie“, summe ich leise vor mich hin.

Aber sie spielt wieder die Puppe in ihrer Tracht. Und auch ich verstumme.

Kurz danach flackert das Neonlicht auf und geht wieder aus. Der weltberühmte Postschiffer, der dieses Kino ja nur im Nebenberuf betreibt, kommt mit der Taschenlampe herein und sieht nach dem Rechten: „Dar is veel Wind in de Welt.“

„Ich bin ein Regie-Einfall“, sagt sie, als wir draußen im Hellen im Café Seehund sitzen. Wir haben uns Tee bestellt, und sie hat sich nun ganz aus ihrem Kopftuch geschält und legt auch den dunklen nordfriesischen Umhang ab. Darunter ist noch genug zu sehen: die zierliche Stickerei, die silbernen Filigranknöpfe und der wunderbare Brustschmuck mit seinem Gliederband aus Kettchen, Broschen und Amuletten. Sie heißt Rosmarie und studiert in Kiel. Volkswirtschaft oder Volkskunde, ich habe nicht genau hingehört. In den Tee tun wir Kluntjes, über die Fennen kommt der laue, immer salzige Sommerwind. Niemand kann uns unsere Aussicht verbauen.

„Ich bekomme zwei Mark für eine Vorstellung. Das ist leicht verdientes Geld“, sagt sie noch und blickt auf die Uhr: „Ich locke die Zuschauer an, aber wenn mich einer fragt, ob ich noch zu haben bin, antworte ich: Mein Verlobter ist der blanke Hans.“

„Und du spielst dein Geld wieder ein?“, frage ich, weil ja sonst nur sie reden würde.

Aber daraufhin schweigt sie und wirft mir diesen Verschwörerinnenblick zu, mit dem ich immer so schlecht umgehen kann. Was also ist zu tun, bevor sie wieder in Postschiffers Sturmflutkino verschwindet?

An der Hooger Kirchenmauer wächst ein Feigenbaum, der hier auch im Winter nicht erfriert.

Aber im Sommer ist ihm kalt. Den könnte ich ihr zeigen, bis die nächste Sturmflut kommt. Nun gähnt sie, dass der Silberschmuck auf ihrer Brust erzittert.

„Na, dann also Tschüss“, sagt sie, als mein Schweigen sie anfängt zu langweilen, wirft sich den schwarzen Umhang um: „Danke für den Tee“, und geht wieder zu ihrer Arbeitsstelle.

Ich sehe ihr nach, ohne ihr zu folgen.

Das ist nun, wie anfangs schon gesagt, Ewigkeiten her. Stürme kamen und gingen. Die Deicherhöhung schritt voran, mindestens acht Meter sind sie jetzt hoch und mit dem neuen, flach ansteigenden Profil versehen. Der Überlaufdeich, der nicht mehr bricht. Die kleinen Sturmflutkinos aber wurden abgelöst durch die gigantischen *Sturmflutwelten*, die ein wirkliches Abenteuer (sprich: Event) versprechen. Die Klimaerwärmung lässt zwar die Polkappen abschmelzen und die Meeresspiegel steigen, doch: Keine Angst, keine Angst, Rosmarie, und wenn die ganze Erde bebt.

Ich mache mich auf den Weg nach Büsum. Nordseeheilbad. Es ist Hochsommer. Windstille, fast alle Männer sind in kurzen Hosen unterwegs. Das Hafenwasser spiegelglatt. Die Parkplätze vorm *BLANKEN HANS* nur mäßig belegt.

Im Foyer empfängt mich ein Schriftband: *Herrgott, nimm mich, verschon die anderen*. Ich löse eine Eintrittskarte. Und schon sitze ich in der sogenannten Rettungskapsel. Nun beginnt sie, die Fahrt, es ist der 31. Juli 2010, jemand schließt den Sicherheitsbügel, und man katapultiert mich durch eine Wasserwand. Dann kreischt es auf mich ein, als säße ich in einer von allen guten Geistern verlassenen Geisterbahn. Das Hochwasser um 23 Uhr 26 wird etwa 4.60 Meter über dem normalen Hochwasser eintreten. Wir fordern Sie dringend auf, in den ersten Stock Ihrer Häuser zu gehen.

Meine Kapsel spielt Achterbahn. Die Kirmes ist nicht meine Welt. Ich knalle mit dem Kopf gegen meine Hand. Wieder eine Sondermeldung: „West 10–12. Gefahr einer schweren Sturmflut für die Deiche der gesamten Westküste." Ich kralle mich am Sicherheitsbügel fest, denn meine

Kapsel droht zu kentern. Plötzlich glotzen mich Fische an, rechts und links, und in der nächsten Kurve lacht ein Meermensch sein schreckliches Lachen. Herrgott verschon mich, nimm die anderen. Doch dann richtet sich die Rettungskapsel wieder auf und die Schienen führen wieder aufwärts.

Als ich endlich die obere Ebene erreicht habe, ist die Fahrt zu Ende. Eine Frau tritt auf mich zu, löst den Sicherheitsbügel, sagt: „Sie können aussteigen." Und während ich schon Danke sagen will, erkenne ich ihren Blick wieder, nur ihren Blick. Komm, sagt der, lass uns abhauen!

Diesmal folge ich ihr.

Sie tut so, als bemerke sie mich gar nicht, in ihrem roten Kittel mit der blauen Aufschrift ACHTUNG: MITREISSEND. Sie ist sehr flink, sie kennt sich hier aus. Schon sind wir in der Offshore-Forschungsstation, dort, in der Wetterküche, kann man seine Haut an Windstärke 12 lehnen. Es prickelt, es schmerzt. Ich verliere sie aus den Augen, Computeranimationen zeigen mir, wie eine Windhose entsteht, Mitmachmodelle stellen sich mir in den Weg. Dennoch gehe ich weiter, auch wenn ich keinen roten Kittel mit blauer Schrift mehr sehe. Authentische Zeitzeugen sprechen aus dem Off und berichten über das, was sie erlebt haben. De nich will dieken, de mutt wieken.

Im *Archiv des Wissens* aber ist die Bibliothek ein wenig in Unordnung geraten. Ein Buch fällt beinahe aus dem Regal. Ich nehme es in die Hand, eigentlich nur um es zu retten, aber da entdecke ich den kleinen Zettel, der wie ein Lesezeichen zwischen den Seiten steckt. Als wenn er für mich bestimmt wäre: „Die Tundra taut auf", steht dort mit schnellen, fast flüchtigen Bleistiftstrichen hingeschrieben. Und auf der Rückseite: „Habe um 18 Uhr Feierabend. Gehe gerne auf dem Deich spazieren."

Ich denke nach. Etwas in mir lächelt. Tundra. Sibirien. Vielleicht will sie mit mir über den Klimawandel sprechen. Vielleicht ist sie schon wieder ein Regie-Einfall. Ich blicke auf die Uhr. Noch ist Zeit. Keine Frage, ich habe sie wieder erkannt, auch ohne Tracht und Postschiffer. Wie doch die Zeit vergeht.

„Die Tundra?"

„Ja. Der Klimawandel, wie Sie wissen. Der CO_2-Ausstoß. Sibirien. Die Gletscher in Argentinien, in den Alpen, Grönland wird wieder grün, der Nordpol ist nur noch Wasser, die Nordwestpassage befahrbar ..."

„Sie sind weitgereist, wie ich höre. Ich bin froh, dass ich Sie gleich gefunden habe, es gibt ja nicht nur den einen Deich hier, oder?"

Sie lächelt mich an mit diesem Verschwörerinnenblick, mit dem ich inzwischen ziemlich gut umgehen kann.

„Soll ich vorgehen?"

„Wir können nebeneinander gehen", schlage ich vor, „vielleicht könnten wir dann wieder Du zueinander sagen."

„Die Deichkrone ist schmal."

„Wir könnten es versuchen."

Sie bleibt stehen. Überlegt. „Mein Studium übrigens habe ich abgebrochen, schon lange", sagt sie.

„Ein Regie-Einfall?", frage ich.

„Du hast ein gutes Gedächtnis."

Gedankenflut, denke ich und hake mich bei der Frau ein, damit wir nebeneinander gehen können, auf Büsums Deich, auf dem Grat zwischen den Elementen, zwischen Wasser und Land. Der Meeresspiegel steigt, zwei Millimeter im Jahr, mindestens. Der Klimawandel verliebt sich schnell.

Wir gehen in westliche Richtung, in die Schafsrichtung, entfernen uns vom Nordseebad. Rosmarie, noch immer. Wir lassen uns das Leben nicht verbittern.

Vor Westerdeichstrich ankert eine Schute, hochbeladen mit Pfählen und Tannenreisig, Faschinen. Es scheint niemand an Bord zu sein. Der Ankerball wie eine schwarze Sonne.

„Wollen wir hinüber?“, frage ich sie.

Sie nickt und ist schon dabei sich auszuziehen. Achtung: Mitreißend. Sie legt alles ordentlich zusammen, zuunterst die Jeans, dann die Bluse, den Schlüpfer, den Büstenhalter, wie die Bremer Stadtmusikanten, nur die Sandalen behält sie in der Hand. Sie ist jetzt nackt, und ich kann sie bekleiden mit der nordfriesischen Jungferntracht, mit dem roten Arbeitskittel vom Blanken Hans, mit einem Brennnesselkleid, mit was immer ich will. Aber ich will sie unbekleidet. Und ich will mit ihr hinüberschwimmen.

Die Pfähle waren geschält und frisch gespitzt. Drahtrollen waren im Vorschiff gestapelt. Rollte man sie aus, sie reichten bestimmt von hier nach Hamburg. Und weiter bis Hagenbeck, mit fünfzig Pfennig um die Welt. Es schien niemand an Bord zu sein. Dachten wir. Und blieben unbekleidet. Die Vorschlaghämmer waren an die Reling gebunden.

Wir gingen unter Deck. – Und da saß er dann, am Kartentisch und starrte uns an wie ausgestopft. Fast so, als hätte man ihn hier vergessen.

„Sei vorsichtig“, flüsterte Rosmarie.

Ich nahm ihre Hand.

„Eröffnung erst morgen“, sagte er und bekam dabei die Lippen kaum auseinander: „Und dann jeden Tag, immer zwei Stunden vor Hochwasser. Dann kommt man noch zu Fuß rüber. Bei Ebbe fallen wir trocken. Und wenn die Flut kommt, schwimmen wir wieder auf. Eintritt kostet drei Euro. Das ist nicht viel für vier Stunden. Und einen Namen kriegt die Schute auch noch: *Nautilus*. Wir drehen uns nur um den Anker, mit dem Strom, mal so und mal so rum. Sonst nichts." Er sprach wie eine Sprechmaschine. Unsicher griff ich nach Rosmaries Hand. Unsere Nacktheit schien ihn nicht zu irritieren, vielleicht nahm er sie gar nicht wahr.

Er trug eine schwere dunkelblaue Steuermannsjacke, darunter ein weißes kragenloses Leinenhemd. Die Mütze lag neben ihm auf dem Kartentisch. Seine Stirn war nur zur Hälfte gebräunt, man sah genau den Abdruck des Mützenbandes, die Grenzlinie. Er war ein Seemann. Nun im Ruhestand. Er starrte uns weiterhin an. Hatte aber scheinbar nichts mehr zu sagen, dachten wir, doch da wanderte ein unerwartetes Lächeln über sein Gesicht. „Dar is veel Wind in de Welt", sagte er und bekam die Lippen plötzlich ganz weit auseinander.

„Ja", antworteten wir und erinnerten uns. Wieder kam der Postschiffer durch.

Wir winkten. Wir mussten zurück. Verabschiedeten uns: „Bis dann." Und schwammen an Land.

Eine Schafherde hatte sich über unsere Kleidung hergemacht, aber wir bekamen alles wieder zusammen.

Und heute, noch einmal zehn, zwölf, dreizehn Jahre weiter, sind wir längst verheiratet und beobachten in aller Ruhe das Steigen des Meeresspiegels. Unsere Wohnung liegt im dreizehnten Stock; jeder hat ein Zimmer für sich, in meinem stapeln sich die Zeitungen, die Hefte, alles, was sich lohnt ausgeschnitten zu werden, auch kleine Schätze, die niemand versteht, in ihrem herrscht eine wohl aufgeräumte, immer gut temporierte Leere. Unsere Blicke treffen sich in weiter Ferne, manchmal erst hinter dem Horizont. Im Schlafzimmer schlafen wir und erfreuen uns an unserer Nähe und dem doppelten Atem.

Unser Haus ist das einzige Hochhaus weit und breit. Ein Seezeichen wie es besser nicht sein könnte. Unsere Liebe ist eine haltbare, gut befestigt und gesichert, und wenn sie schwankt, singen wir.

So wurden wir alt und fielen niemandem zur Last. Doch eines Tages sah mich Rosmarie an. Anders als sonst. Ich stutzte, konnte aber meinen Blick nicht mehr abwenden, denn jetzt spiegelte nicht mehr ich mich in ihren Augen. Oh nein. Das Bild verzerrte sich und dann spiegelte sich darin, was nach uns kommt: Die Sintflut. Samt aller Ungeheuer.

Da zogen wir, so schnell es ging, die Reißleine und fuhren mit dem Fahrstuhl hinab. Bis auf die Meereshöhe. Und siehe da, plötzlich konnte uns alles erschüttern.

AM BALTISCHEN MEER

Auf dieser Halbinsel, seltsam und zerbrechlich, ist das Meer immer nur wenige Schritte entfernt. Wenn du Glück hast, siehst du es schon morgens beim Aufwachen, wenn sich dein Rücken aufrichtet und den Kopf ins Dachfenster hebt. Du siehst das Sichtbare, über die Dächer und schiefen Bäume hinweg, den breiten Pinselstrich siehst du, von ganz dunkelblau bis ganz hellgrau, getupft mit weißem Schaum oder glatt gespannt wie ein Tischtuch. Du kannst es auch hören; es gibt Möwen, die es dir erklären, Heringsmöwen, Lachmöwen, aufgeregte Strandläufer, Regenpfeifer. Wolken darüber, acht Windrichtungen, mindestens, die gefühlte Luft, der Geruch von Tang und dem, was der Horizont freigibt. Immer wieder Heringsschwärme am Himmel, gut ausgedacht von den Malern dieser Gegend. Du kannst Sanddorn pflücken, gut für Tee, Marmelade und Schnaps. Oder Bernstein finden und ungeschliffen auffädeln. Auch gibt es versteinerte Seeigel, die man lange in der Hand halten und wärmen muss, damit ihre Zeit wieder kommt.

Und jeder Tag ist ein neuer Tag und wird neu geschenkt: Bett und Frühstück liegen hinter einem und der erste Gang des Tages führt immer hin zum Meer, selten mehr als vierhundert Schritte, großzügig gezählt.

Und wenn man erst einmal Schuhe und Strümpfe ausgezogen, die Hose hochgekrempelt hat, läuft man immer weiter, eigentlich ohne es zu wollen, immer weiter, stundenlang. Wasser und Sand. Ziellos ist das nicht, oh nein, aber man vergisst, wer man ist. Und vom Rückweg weiß man gar nichts mehr. Muschelstücke, Sand, der Musik macht,

Strandhafer, schützenswerte Stranddisteln mit Steinen umlegt, angespülte Schuhe, Sandalen, Flaschen sogar mit Post, doch weiter, weiter, und völlig selbstvergessen bückt sich der Mensch, hebt auf, an was er nie dachte, trennt sich wieder davon, hebt den Blick: Und irgendwann beginnt dann die Wildnis, Meeres-, Strand- und Waldwildnis.

Die hat auch einen Namen, den man sich, wie unter Vertrauten, immer wieder zuraunt, und das war zu allen Zeiten so: Weststrand, Weststrand. Wer nicht dort war, macht sich keine Vorstellung.

Dort sollen auch viele Lieben vergraben sein. Sagt man, und es wird stimmen. Und die entwurzelten Bäume streicheln mit ihren Ästen, die noch einmal knospen wollen, das Meer, *the heartbeat of the sea*.

Auf ihren Stämmen kannst du balancieren, du kannst die Stämme auch tätowieren mit den Zahlen des Glücks, Datum, Name und Herz. Pfeile sind aus der Mode gekommen. Und du kannst, nein, du musst deine Ohren endlich öffnen.

Hörst du, hörst du es? Lege den Finger auf die Lippen. Zweimal halb geküsst gibt einen ganzen Mund.

Du hörst es, immer deutlicher jetzt:

Ja, am Weststrand sang jemand, war es ein Mädchen, eine Frau, ein Kind, ein Knabe, der Wind, ein Blätterdach, ein unbekannter Vogel oder waren es nur die Wellen, dieser Herzschlag, der ständige Herzschlag der Ostsee? Jemand sang. Wenn auch immer leiser werdend. Und immer wieder der Refrain: Nii hea, nii hea / on moelda siis, / et kuskil rannaliiv / ja meere ääres väike maja / otamas on mind. Und noch einmal: Nii hea, nii hea, das Meer, das Meer. Oder war es der Sand?

Das Meer drängte hier direkt an die Abbruchkante. Brachte die hohen Kiefern, die noch höheren Buchen zum Absturz, entwurzelte sie, und die Wurzeln richteten sich auf wie eine Wand, wie die geflochtene Wand einer verwunschenen Hütte. Ab und zu ein Ächzen im Wind.

Das Mädchen, es mochte bald vierzig Jahre zählen, befreite sich aus dem Wurzelgeflecht des umgestürzten Baumes. Wer genauer hinsah, bemerkte, sie war nicht allein.

Der, der bei ihr war, hat Ohren für alles. Er sammelt Stimmen, egal in welcher Sprache. Er bringt das alles zusammen, macht Spiele daraus, Tonbänder, Stücke für Stimmen, Stimmbänder. Verstehst du?

Der, der bei ihr ist, steht im Sand und überragt sie um zwei Köpfe.

Sie legte sich ihm zu Füßen, jetzt ausgestreckt im Sand, im kurzen harten Gras, ohne Wolldecke, ohne Schaffell, einfach so auf den Boden, *mother earth awakens me.* Schweigend sah sie ihn nun an. Sein Gesicht war so hoch über ihrem, der Kopf schon fast im Himmel, und sein Körper warf einen schmalen Schatten. Beweg dich nicht. Wollte sie ihm sagen. Sonst liege ich in der Sonne und bin allein.

Er bewegte sich nicht. Denn es war tatsächlich Sommer, ohne jede Jahreszahl. Ein Sommer, der vielleicht erst noch kommen wird, oder schon hundert Jahre alt ist.

Man kann, sagte er, verschwunden bleiben in seiner selbst eroberten Stille.

Er heißt Friedrich, manchmal auch Robert, die Frauen schneiden ihm die Haare von Zeit zu Zeit. Sie heißt Kasia und kommt aus Estland und himmelt ihn an. Dabei wird es immer an ihr sein, ihn festzuhalten, damit er nicht davon fliegt bei starkem Wind, denn er ist, auch wenn er alle überragt, so leicht, so dünn, so schmal.

Am Westrand baut er sich gerade ein Haus, ohne Nägel und Schrauben, er nimmt die Äste, das bleiche Treibholz; er will nicht, dass man ihn dabei stört.

Sie heißt also Kasia manchmal auch anders. Sie kommt aus Tallin, aber in Nida, einem winzigen Dorf auf der Nehrung nicht weit entfernt von Klaipeda, wo die Fährschiffe einlaufen, verbrachte sie ihre Kindheit. Als Thomas Mann noch in Nida schrieb, hieß es Nidden und der Dichter schrieb selbstverständlich deutsch. Die Maler, die Pechsteins, die Schmidt-Rottluffs, die Partikels, die auch da waren, hatten Glück, ihre Sprache ist an keine Ländergrenzen gebunden. Farbe ist Farbe, Strich ist Strich. Die Maler also werden wieder kommen. Mit ihren Farbtuben, und die Nehrung, die Kurische, Kursiu Nerijos, sieht ihnen gleichmütig entgegen. Sie werden sich auch wieder an den Schatten heranwagen, auch wenn man nie weiß, wer ihn wirft, und wie lange er bleibt. Und man muss sich hüten, auf den Schatten zu treten.

Kasia ist eine Malerin, ganz klassisch, Öl auf Leinwand, aber ihre Welt ist oft so kalt so kalt geworden, lag zu lange im Entwicklungsbad. Denn immer ist sie der Erinnerung auf der Spur, den Fäden der Erinnerung, *Memory Flades*, und, sagt sie: Ich will wissen, was in unserem Unterbewusstsein passiert. Deshalb träume ich wie eine Besessene, und schreibe mir jeden Traum sofort nach dem Aufstehen in mein immerwährendes Traumbuch. In dieses Nachttagebuch. Das hat schon tausend Seiten, mindestens, aber ich schlafe schlecht. Immer schlechter. Auch deshalb will ich eine gute Malerin werden. Und ich glaube an Geisterschiffe, die nicht nur über das Meer fahren.

Ihr Vater ist ein Este, gebürtig aus Pärnu, der Mutter wegen wanderte er ins südliche Lietuva aus. Litauen. Er hat der Tochter dieses Lied vorgesungen, das estnische, und nun singt sie es ihm, das Vaterlied, das nur er versteht. Er war immer einer für die See: Nii hea, nii hea. Und ihr Vater ging auch im Winter ins Wasser, in seine Bucht, vom Eis umgeben, wenn es sein musste, hackte er sich ein Loch in dieses Eis. Wo er nun ist, das findet man in ihren Bildern, er ist nicht mehr von dieser Welt. Und sie hat die Eisschollen gemalt, so blau, so blau. Mein Vater, mein Vater. Er schenkte mir den Mut hinauszugehen. Immer weiter.

Ich habe etwas gesehen, was ich nicht hätte sehen dürfen. Jetzt brauche ich die Sonne. Unter meinen Füßen, der Sand, der mich wärmt.

Malerin ist sie also, zur Zeit Stipendiatin im Künstlerhaus St. Lukas, drei Monate freie Logis und monatlich einen Tausender auf die Hand.

Sankt Lukas ist der Schutzpatron der Maler, aller Maler. Kasia weiß ihm zu danken, ein Morgengebet, in dem es auch um den Sand geht, der hier so besonders ist.

Doch diesen Sand, den schattenlosen, zu malen, ist das Allerschwerste. Das weiß auch sie. Deshalb hat sie es auch noch nie versucht. Das hebt sie sich für später auf. Aber sie hört, dass dieser Sand Musik machen kann, wenn man mit dem bloßen Fuß über ihn hinwegwischt. Wieder und wieder. Am Weststrand und auch in Ahrenshoop, kann man den Sand also zum Zwitschern bringen. Er singt. Aber nur hier, vielleicht auch noch in Wustrow, oder in Prerow, aber sonst wohl nirgendwo auf der Welt, oder?

Ihr Großvater erzählte ihr manchmal von der höchsten Düne des ganzen baltischen Meer, hoch wie der Olymp, und gerne zeigte er die hellstichigen, gnadenlos überbelichteten Schwarzweißfotos, auf denen ganze Rinderherden durch die Dünentäler getrieben werden, so wie die Ziegenherden durch den Sand der Sahara.

Täler des Schweigens, Wolken wandern mit ihren Schatten darüber, auch das sind Abdrücke. Abdrücke im Sand. Keine Spur gleicht der anderen.

Sie hat versäumt, ihn zu fragen, ob der Sand dort auch singen kann. Sie hat sowieso immer viel zu wenig gefragt, als kleines Mädchen war sie zu schüchtern, da hat sie lieber auf die Fragen der anderen gewartet. Sprich nur, wenn du gefragt wirst. Am liebsten sprach sie mit ihren Kaninchen, den Stallhasen.

Aber dort wo sie jetzt ist, singt der Sand. Da hört sie nur noch zu, und es erinnert sie an ihren Vater, den Esten, der die schönste Sprache der Welt spricht. Die kann man nämlich auch singen.

Irgendwann wird sie deshalb ein Bild malen, auf dem nichts anderes zu sehen ist als Sand. Und zu hören: Sand.

Und Friedrich baut sein Haus. Und er will, dass sie, Kasia, ihn dabei stört. Aber er sagt es ihr nicht. Also hält sie Abstand und sieht ihm dabei zu, wie er Äste und Zweige heranträgt, Grassoden, angespülte Seezeichen und Bretter von Paletten. Nägel hat er keine in der Hosentasche. Nur Bindfäden, haltbares Stroh- und Sackband. Ohne das fühlte er sich gar nicht richtig angezogen. So wie andere Männer immer ein Taschenmesser im Hosensack haben müssen.

„Für wen baut er dieses Haus?“, fragt sich Saskia. Da blickt er zu ihr hinüber und grinst und verführt sie mit diesem breiten Grinsen. Sie stört ihn.

„Du willst wissen, für wen ich dieses Haus baue?“, fragt er.

„Du kannst Gedanken lesen?“

„Manchmal schon.“

„Dieses Mal zum Beispiel.“

Er lenkte ab. Er baute nämlich immer Häuser. Egal wann und wo. Immer Häuser, Hütten, Jurten. Meistens in Gedanken, denn nicht immer lag so viel Treibholz herum wie hier am Weststrand. Er musste sich ja nur bücken, und dann fügte sich Ast in Ast, und auch das Blätterdach würde den

Sommer überstehen. Blätter sind wie Buchstaben, deshalb lieben die Analphabeten ja auch die Blätter so sehr.

Aber schließlich sagte er: „Ich habe auch schon einmal ein Haus aus Stein gebaut. In Güstrow. Weißt du. Landeinwärts. Denn Zuhause habe ich eine Frau und zwei kleine Kinder", das sagte er also und ließ die Arme sinken.

„Siehst du, dann baust du dieses Haus jetzt doch für mich. Ich habe nämlich noch keines und ich lebe gerne allein."

Da grinste er schon wieder, doch etwas Verlorenes lag in seinem alten Jungsgesicht: „Dieses Haus aber wirst du festhalten müssen, damit es der Wind nicht umwirft."

Warte ab, dachte sie, viel eher muss ich aufpassen, dass dich der Wind nicht umwirft. Und sie ging zu ihm hin und umarmte ihn.

Doch bereits am nächsten Tag musste er abreisen, zurück nach Güstrow. Etwas mit der Familie, Elternsprechabend in der Schule, auch ein paar handwerkliche Dinge am Haus warteten auf ihn, das warme Wasser funktionierte nicht, wieder einmal der Boiler. Natürlich kam er. Sein Haus, seine Familie, sein Lebensgrund. Und die Stadt drumherum, mit Barlachs Figuren und dem schwarzen Stier im Wappen.

Das verstand auch Kasia und sie suchte auch nicht lange nach ihm, höchstens in Gedanken, die ja bekanntlich bis ans Lebensende reichen.

Flades of memories. Im Künstlerhaus gab es genug zu tun. Schließlich sollten die Stipendiaten doch ihre Arbeiten am *Tag der offenen Tür* vorstellen. Am letzten Sonntag des Monats. Und der rückte näher.

COME IN WE ARE OPEN! – So prangte und wehte das Spruchband überm Eingang.

Auch Friedrich (oder Robert) war gekommen. Ganz heimlich, und er trug eine Sonnenbrille. Mischte sich unter die anderen Besucher, als würde er dort nicht auffallen. Er trug einen langen, sandfarbenen Wollpullover.

Alle Ateliers waren geöffnet, es gab Workshops, Vorführungen, sogar Lesungen, und auch für das leibliche Wohl war gesorgt.

Kasia sah ihn, ohne hinzugucken. Es war wie mit dem Sand, den sie nicht malen konnte.

Und er sah sie sprechen. „ Ich habe es versucht", sagte sie, „aber es geht nicht, man kann den Sand nicht malen, er rieselt einen vom Pinsel."

Er schob seine Sonnenbrille in die Stirn und fragte: „Steht die Hütte noch?"

„Ich bin nie wieder dort gewesen", antwortete sie.

„Ich auch nicht."

Pünktlich um 18.00 Uhr war der Tag der offenen Tür zu Ende. Man bat die Gäste zu gehen. Und es gingen alle. In eine Spendenbox taten sie vorher ein paar Münzen.

Das, was Kasia später am Abend in ihrem Atelier fand, sah aus wie ein über lange Zeiten gesammeltes Schweigen. Dabei war es doch nur der dünne Pullover dieses Mannes. Als sie ihn anzog, ging er ihr bis weit über die Knie und sie legte sich schlafen damit. Er roch nach Düne, nach Wolle und Kiefer, und ein bisschen salzig roch er auch.

Im tiefen Traum hörte sie den Sand singen, ganz leise, und dann noch viel leiser. Irgendwann war sie selbst dieser Sand, ganz ohne Worte. Allein mit sich und ihren Farben, an einem hellgrauen windigen Tag am baltischen Meer.

Und sie wusste: morgen wieder hoch, denn jeder Tag ist ein neuer Tag und er wird dir geschenkt, ganz ohne Hintergedanken.

GESCHE

Ob es richtig war, aufs Fischland zurückzukehren, wusste sie nicht. Sie tat es aber. Stellte sich bei Rostock an den Autobahnzubringer, und brauchte auch nicht lange zu warten. Mit quietschenden Reifen hielt ein Lieferwagen der Marke Seeadler.

Steig ein! sagte der Blick des Fahrers.

Sie kletterte zu ihm auf die Beifahrerbank, froh, dass jemand ihr die Verantwortung abgenommen hatte.

„Wohin?", fragte der Mann und hatte Mühe zu beschleunigen. „Ich heiße übrigens Wolle."

„Aufs Fischland", antwortete sie sehr leise.

„Was hast du denn da verloren, da ist doch nichts mehr?"

Jetzt sah Wolle sie an. Mit diesem Blick, der nicht nur abschätzte, sondern sogleich Bescheid wusste: Die ist abgehauen.

„Ich heiße Gesche", sagte sie und und schob sich das braune Haar, das ihr immer wieder übers Auge fiel, zurück. „Mein Vater wartet am Schifferberg auf mich. Mein Vater ist ein Maler."

„Du hast ja braune Augen", sagte Wolle, „da muss man aufpassen."

Er selbst war ein Mann um die fünfzig, immer im Blaumann, immer auf Liefertour und keinem Trinkgeld abgeneigt.

„In braune Augen verliert man sich, blaue sind mir lieber", sagte er noch und dann schwiegen sie den letzten Rest der Strecke und in Wustrow setzte er sie ab: „Das letzte Ende machst du zu Fuß, klar?"

„Klar. Aber mein Vater sitzt auf dem Schifferberg."

„Egal. Das schaffst du."

Und sie schaffte es. Linkerhand, nun immer tiefer absinkend, das Meer. Uferschwalben in der Luft. Ständiger Ab- und Anflug. Ihre Nester können das ganze Ufer zum Einsturz bringen.

Rechterhand der Bakelberg, fünfzehneinhalb Meter über dem Meer.

Dann, nach fünftausend Schritten, das arme Dorf, Poverdörp, auch Ahrenshoop genannt, der Boden war so unfruchtbar, nur Sand und Düne, da wuchs nicht viel, bisschen Hafer, kleine Kartoffeln.

Gesche ging die Dorfstraße entlang, doch Kühe, wie auf den alten Bildern, kamen ihr nicht mehr entgegen.

Eher die Touristinnen mit dem Kunstführer in der Hand, von Station zu Station pilgernd: Wo ist denn hier die Künstlerkolonie?

Etwas zurückliegend, gleichsam auf den gehörigen Abstand achtend, das Lukas, Malerinnenschule, Haus der Künstler seit über 100 Jahren.

Wenn nicht der Vater am Schifferberg warten würde, hätte Gesche hier jetzt gerne einmal angeklopft; nur so zum Spiel. Aber sie hatte den Vater sieben Jahre nicht gesehen, also ging sie weiter, jetzt schon auf einem Bein hüpfend, als spielte sie Himmel und Hölle.

Der Schifferberg ist eine gewaltige Düne, neben dem Bakelberg die höchste Erhebung der ganzen Halbinsel. Und an seinem Fuße ein umgestülptes Boot, groß wie eine Kirche. Und es ist eine Kirche. Mit Glockenstapel.

Der Vater stand, breitbeinig als wäre er, der Maler, ein Seemann, vor diesem Kirchenboot. Und blickte auf eine imaginäre Leinwand. Gesche kam immer näher, schon berührte sie diese Staffelei: „Wen malst du da?"

„Dich."

„Habe ich mich sehr verändert?"

„Ich zeichne dich aus der Erinnerung heraus."

„Das könntest du auch morgen noch tun."

„Und in hundert Jahren", jetzt sah er sie an, schloss kurz die Augen: „Lass uns gehen."

Gesche nickte. Also verließen sie den Schifferberg, ließen den Friedhof mit seinen verwachsenen Gräbern rechts liegen, und wandten sich dem Meer zu.

„Am Weststrand", sagte er sehr nachdenklich, „streicheln die umgestürzten Bäume die Wellen, mit ihren Ästen die See. Und nicht nur das."

„Dort war ich noch nie", sagte die Tochter.

„Komm", antwortete der Vater, der immer noch ein Maler war: „Ich zeige es dir."

Und Gesche ließ es gerne zu, dass er ihr noch vor dem Ende des Tages eine neue Welt aufschloss. Das Meer ist das, was man sieht.

Aber am Weststrand findet man auch die Totgeglaubten, diejenigen, die sich einfach davon gemacht hatten, abschiedslos. All jene, die unbemerkt gehen wollen, denn nur um die Verschollenen macht man sich lebenslang Sorgen. Das aber sagte der Vater natürlich nicht.

ABTAUCHEN

Man nahm ihn beiseite, „Herr Bartel“, sagte man, „das wird kein Spaziergang und Sie wissen, das Leben ist endlich.“

Bartel nickte. Wie auch sollte er widersprechen? Professor Tantalow war der Fachmann und blickte ihn an, schob die Brille in die Stirn, blickte ihm noch tiefer in die Augen.

Also zog er sich das Flügelhemd mit den blau bestickten Sternen an, streckte sich lang aus, hatte aber noch den Mut, sein kleines blaues Tagebuch heimlich unters Kopfkissen zu schieben, den Stift dazu.

Als Bartel aufwachte, merkte er sofort, dass etwas nicht stimmte. Schon, dass er wieder aufgewacht war, stimmte nicht. Aber er rührte sich nicht, auch wenn er die Augen langsam öffnete.

Das eine Auge sah, wie sich ein fremdes Gesicht über ihn beugte: Hallo, Schwester, wollte er sagen, hatte aber keine Stimme. Stattdessen hörte er ihre, eine schöne warme Stimme, die ihn gerne mitnahm: „Hallo, Herr Bartel, hören Sie mich, ich bin Schwester Kalliopé, Ihre Nachtschwester.“

Gehorsam nickte er, und sie fuhr fort: „Sie müssen atmen, Herr Bartel, einmal ein und wieder aus. Sie wissen doch, wie es geht, ein und aus …“

Er wusste es nicht mehr. Wo ist EIN und wo ist AUS?

„Wenn Sie es nicht wissen, Herr Bartel“, Nachtschwesters Stimme war jetzt fast wie ein Gesang, der von einer einsamen Insel herüberklang, „dann helfe ich Ihnen.“

Und sogleich fing der Apparat neben ihm an zu plätschern wie ein aufmerksames, ihm wohlgesonnenes Meer. Blau war das Wasser in einem durchsichtigen Becken, unentwegt produzierte es neue frische Luft, Meeresluft. Die Nachtschwester schob ihm dünne Schläuche in die Nase.

Niklas Bartel atmete und öffnete dann aber auch die Ohren. Oh ja, das Plätschern kam näher. Immer näher. Wie ein Versprechen war es. Ja, dort würde er sich wohlfühlen, da wollte er nun hin. Keine Frage.

Er holte jetzt ganz tief Luft. Ein und aus. Es ging doch. Noch einmal und noch einmal. Der Sauerstoffapparat war jetzt sein Freund.

Und irgendwann war das Plätschern so nah, dass er dachte, er wäre in einem Ozean zur Welt gekommen. Eine unerwartete Neugeburt. Doch ganz so war es nicht, aber die Schwester blieb bei ihm, kontrollierte die Geräte und hieß noch immer Kalliopé. Das konnte man auf ihrem Namensschild lesen. Er natürlich nicht. Aber er hatte Glück mit ihr gehabt, großes Glück, denn sie wich nicht von seiner Seite. Auch wenn er das andere Auge öffnete, war sie noch da: „Sehen Sie, Herr Bartel, es geht doch. Man muss ja nur wollen.“ Er nickte und die Unendlichkeit des Lebens überflutete ihn.

Dann erst jetzt merkte er, er war nicht allein auf dieser Station: Von überall her hörte er Stimmen, wie in einem riesigen Kaffeehaus, Geschirr klapperte, Löffel fielen herab, manchmal sogar Schreie, auch Gelächter wie von Irren, dazwischen immer wieder die Musik der Geräte und Maschinen: Plong, plong, pling. Ein Rauschen, Rattern und Summen. Und ab und zu ein Pfiff: Alarm. Und dann wieder krähten die Hähne, so dass die Schiffe vom Kurs abkamen. Hoffentlich, dachte Bartel, der einmal ein Segler gewesen war, hoffentlich beherrschen sie die Kollisionsverhütungsregeln. Sicher war er sich nicht. Er schloss die Augen lieber wieder, wartete einfach ab.

„Bald“, versprach ihm die Schwester und schob ihm ein Kissen unter den Kopf: „Bald.“

Sie war eine Gute und ziemlich hübsch war sie auch, und ihre Stimme führte ein Eigenleben. Sie wohnte ganz in der Nähe dieser Küstenklinik, im Nussgang, wo sich das Ledigenwohnheim der Stadt befand. Also immer in Rufweite, denn ihre Wohnung hatte auch einen Balkon. Dort züchtete sie freilebende Pflanzen, am liebsten immergrünen Efeu, der sich dann manchmal verabschiedete und weiter rankte zu anderen Balkonen und Menschen.

Wann immer es ging, saß sie draußen. Das Balkongitter begrenzte ihre Welt. Was dahinter lag war die Welt, die sie gerne den anderen überließ.

Auf dem Nachttisch in ihrem winzigen Schlafzimmer, eigentlich war es nur ein halbes Zimmer, stand ein kleiner Poseidon, halbnackt und muskulös, aus haltbarem Gips. Er reckt seinen Dreispitz empor, denn er ist der Gott des Meeres. Sie mochte ihn sehr, denn er liebte die Delphine und kannte sich aus mit Wind und Wellen. Keine dreißig Zentimeter hoch war er, aber mit ausdrucksvollem Bart und einer Mimik, die ihn sogleich verriet: Ein Patriarch der Götterwelt, der sich nichts bieten lässt. Er schien sich wohlzufühlen auf dem Nachtschränkchen von Nachtschwester Kalliopé. Da konnte ihm seine ganze Bagage einmal gestohlen bleiben, diese ehrenwerte Familie, einschließlich Bruder Zeus, die hinter seinem Rücken über ihn lachte, wenn ihm etwas daneben ging und der Fisch vom Dreizack sprang, die ihn aber fürchtete, wenn er die Meere steigen ließ. Mit dem Dreizack reinigte sich Kalliopé manchmal die Fingernägel und lächelte über sich selber.

Schmerzen hatte Bartel keine. Die Augen wieder geöffnet, bewegte er ganz leicht die Lippen. Ihm war danach etwas zu singen, leise, ganz leise. Vielleicht: … *sittin' on the dock of the bay …*

Niklas Bartel war jetzt wieder ganz bei sich. Das hatte Kalliopé sehr schnell gemerkt. Es ging auf Mitternacht zu.

„Haben Sie Angehörige, Herr Bartel?"

Er schüttelte den Kopf und sang weiter, … *sittin' in the morning sun, sittin' when the evening comes.*

„Kann ich sonst noch etwas für Sie tun?"

Da fing er an zu nicken: „Stellen Sie doch bitte das Meer wieder an. Die Brandung."

Schwester Kalliopé versprach es.

Und schon bald lag Niklas Bartel an einem Strand, hörte das Rollen der kleinen Steine, hin und zurück, das Rauschen der Wellen, wenn sie sich brachen. Er lag im Halbschatten, auf einer sehr bequemen Liege, über ihm die lichtdurchlässigen Zweige der Tamarisken; es ging ihm gut, nicht einmal sein Tagebuch vermisste er jetzt mehr, und eine Nachtschwester, von der er sogar den Namen wusste, fächelte ihm unentwegt einen leichten warmen Wind zu. Der kam von der See.

Doch jetzt nahm die Brandung zu, ohh jaaa, das ganze Leben war ein gewitztes Spiel gewesen, dieser groß angelegte Versuch von der Geburt bis zum Laufenlernen, zum Denken ohne Stützräder, immer geradeaus, auch wenn man den Weg gar nicht mehr erkannte, weiter, ohne sitzen zu bleiben, dann die erste Aufnahmeprüfung, die zweite, jetzt hörte Bartel sogar, wie die Kiesel vom Wellenschlag hin und her geworfen wurden, vor und wieder zurück, schäumend, klirrend, ein Sack voller Muscheln wie Kleingeld, Silbergeld, darüber donnerten die Brecher. Das wurde ihm nun zu laut.

Als man ihn wecken wollte, war er gar nicht mehr in seinem Bett, sondern schon tief abgetaucht, mit kräftigen Schwimmzügen bewegte er sich jetzt in der absoluten Stille der Unterwasserwelt fort. Schwamm zwischen den Felsen dahin, Schlingpflanzen kitzelten seine Füße, Luftblasen stiegen auf. Seesterne lösten sich vom Untergrund. Er begegnete Fischschwärmen, die in Farben schillerten, die er bisher gar nicht gekannt hatte. Die er nicht für möglich gehalten hatte.

Einer wie Poseidon legte sich derweil in den warmen Sand der Oberwelt, zog die Füße an und spielte mit seinen Zehen. Dann betrachtete er gedankenverloren seinen Dreiza und beschloss lächelnd, niemanden mehr zu fangen.

Höflich wich Bartel den Fischschwärmen aus, aber dann entschloss er sich mitzuschwimmen, einfach mitzuschwimmen. Und sie ließen ihn.

IM LIBYSCHEN CAFÉ

1.

Sie hat das Meer gefragt, das Libysche, dass nur einen Steinwurf entfernt gleichmäßig an den Strand schlägt. Und das Meer hat nichts dagegen gehabt. Also hat sie ihr Kafenion nach ihm benannt, denn dem Meer sind alle Namen recht. *Café Livykó*, Libysches Café, das klingt nach naher Ferne. Und sitzt man auf einem der Korbstühle und rührt im Kaffeesatz, so hört man die kieselnde Brandung, ohne sie zu sehen, und weiß: Dahinter ist das Wasser. Schon nach wenigen Metern hat man keinen Grund mehr, tief so tief.

Das Meer ist der Schwamm, saugt alles auf. Und Lena Anastasia, die das Café betreibt, spricht in vielen Sprachen mit ihren Gästen. Ich bin ein Gastarbeiterkind, erklärt sie sich, da hat man es mit dieser und auch mit jener Sprache zu tun. Man lebt hier und dort. Auch wenn die Eltern in der Fremde blieben. In der Schule war sie immer die Griechin. Und hier ist sie dann manchmal die aus Germania.

In ihrem Café sitzt man ungestört, rührt seinen Kaffee, trinkt das Wasser, zerkrümelt den süßen Kuchen, spielt mit der Zeit, hört die Musik, die von irgendwoher kommt, wartet und geht dann wieder.

Manche Gäste kommen schon seit Jahren und haben noch nicht einmal ihren Namen verraten. Lena Anastasia fragt auch nicht, und auch die Ausgewanderten, die oben in der Straße der Tintenfische leben, nimmt sie wie sie kommen. Der Sommer ist noch weit. Und wenn Minjher van de Sloterdijk fragt, wie viele Sterne ihr Metaxa hat, hebt sie nur ihren Kopf, und alle blicken in den schwarzen Himmel und zählen die Sterne. Und Kalliopé, genannt Popy, kann sie auseinander halten und zu den richtigen Bildern zusammen setzen. Ihr ist auch die Götterwelt nicht fremd.

Doch ganz am Rande des Cafés ist immer ein Platz reserviert für einen, der sich Nitup nennt. An seinem Tisch darf sich außer ihm niemand niederlassen; er sucht wie eh und je Freiwillige für irgendeinen sehr entfernten Krieg. Er schlägt sein schwarzes Buch auf, das mit den drei Spalten und den vielen Blättern. *Fighting for freedom* hat er in dicken Lettern aufs Etikett geschrieben. Oder gekleckst, wie man will. Er ist ein Spieler, dieser Nitup, er wendet das Blatt, wie es ihm gefällt. Hauptsache, er bleibt der Sieger und kann sein Reich vergrößern. Niemand weiß, wo dieses Reich liegt, es fragt ihn auch niemand danach. Warum auch: im Livykó gilt die Narrenfreiheit. Der Gast ist der Gast, und wenn man den Kaffeesatz genau betrachtet, sieht das Ende der Welt sowieso ganz anders aus. Doch heute wird sich niemand mehr melden. Das Bataillon, von dem er träumt, wird ein Traum, ein Hirngespinst bleiben. Drei Spalten bleiben leer. Darauf einen dreifachen Rakí.

Doch auch einer wie ich, betritt manchmal das Libysche Café, setzt sich aber immer so, dass er die Straße im Blick hat, denn die endet am Meer. Das hilft. Und das nächste Ufer ist ein afrikanisches. Ägypten vielleicht oder Libyen. So genau weiß ich es nicht. Ich weiß ja noch nicht einmal, wer dort nun regiert, wer auf wen schießt, wer Opfer, wer Täter, wer einfach nur ein Bauer ist, der in Frieden leben will.

Und draußen ist die Welt, da gibt es Krankheiten, von winzigen Tierchen verursacht, die jeden Menschen anspringen können, wenn sie nur wollen, die Tierchen. Da gibt es einen Krieg, den nicht einmal die Soldaten verstehen, selbst die Generäle nicht, da gibt es Fernsehen rund um die Uhr. Und wer am Radio herumspielt, wird schon einen Sender finden, der den Untergang der Welt verkündet, sagen wir Mittwoch oder Donnerstag. Nächste Woche. Ich höre kein Radio, ich habe nur mein schweigsames Tagebuch. Dazu einen Bleistift, einen Anspitzer, die schlecht gereinigte Pfeife. Außerdem den Roman, den ich gerade lese, mit seltsamen Lesezeichen versehen, ein Grashalm, eine gefundene Visitenkarte, Silberpapier, ein Foto. Die Wirtin kennt mich, aber mehr als zehn Worte sprechen wir nicht. Es gibt Tage da bringt sie mir den *greek coffee* wortlos, genauso wie sie mir von Zeit zu Zeit das Wasserglas nachfüllt.

Ich muss aufschreiben, was ich sonst wieder vergesse, ich sehe das, was du nicht siehst, ich höre das, was du vielleicht auch bald hören wirst. Aber ich bin auch gerne allein.

Schreibende und Lesende soll man nicht stören, denkt Lena Anastasia. Und denkt sich ihren Teil.

Inzwischen ist auch Sir John eingetroffen, grüßt die Welt und sitzt wie immer an seinem Stammplatz. Seit Jahrzehnten schon ist er auf der Spur der versunkenen Kulturen. Doch morgens um elf trifft er sich selber im Libyschen Café. Im Dorf ist er der Museumsleiter, Öffnungszeiten: *Komme gleich wieder!* Außerdem gibt er Sprachkurse, je nach Bedarf. Doch für die alten Minoer hat er sein altes englisches Leben aufgegeben. Tag für Tag ist er unterwegs und rettet, was noch zu retten ist. Dort oben auf der Höhe von Pirgos, seit dreitausend Jahren liegen da die Bruchstücke, die er in mühevoller Kleinarbeit zusammensetzt. Immer hat er die Hosentaschen voller Scherben und Funde; sein Museum, neben der winzigen Kirche, nimmt, was er mitbringt. Die Kirche trägt den Namen des heiligen Antonios und ist der Himmelfahrt Christi geweiht, vielleicht aber auch der uralten Schildkrötengöttin. Doch da müsste man Sir John fragen, der jetzt gerade seinen Honigkuchen halbiert.

Und draußen ist die Welt. Keine Frage. Die Welt, in der wir lebten. Und die nun schwankt und zittert, und wir merken es nicht einmal. Wie denn auch, denn sie ist ja draußen, diese Welt.

An der Hauswand des Cafés aber aufgereiht wie seit eh und je die Männer, die dort immer sitzen. Stoisch. Ohne Worte. Bis sie ins Bett müssen. Sie lassen ihre Komboloi um den Finger kreisen, die Perlen wandern ungezählt. Diese Männer tun, als wären sie ganz woanders, dabei sind sie mittendrin. Jahrein, jahraus. Ihnen wird die Zeit nie zu lang. Manchmal zünden sie sich Zigaretten an oder stopfen eine Pfeife. Sie könnten auch Gedichte auffangen. Aber wozu, wozu? Ihnen ist doch alles ein Reim. Und draußen ist …, aber das sagten wir schon.

Am Spätnachmittag kommt die Wienerin, was sie trinkt, bleibt ihr Geheimnis. Sie kommt vom Film, Aufnahmeleiterin, aber nun im Homeoffice. Wenn sie telefoniert, kann das halbe Dorf zuhören und sich erfreuen an einem Schwall von Worten in diesem wundersamen Tonfall, der keinen Zweifel aufkommen lässt. Dabei will sie schon lange einen Stummfilm produzieren, wo nur die Gräser und Blätter sprechen, die vom Meer hin und her geworfenen Kiesel, das ferne Läuten einer Glocke. Ja. Später, sagt sie zur Wirtin, vielleicht später. Im Augenblick fühle sie sich einfach nur happy, dass sie hier sein kann, urhappy. „Wir fallen doch immer wieder auf die Butterseite“, fügt sie noch hinzu, doch da meldet sich schon wieder ihr Handy, dingdong, wie ein Glockenschlag: „Hallo... Na, super."

Wenn die Dämmerung kommt erscheinen manchmal die Gastarbeiter, die Fremdarbeiter, die ihr Tagewerk in den Gewächshäusern hinter sich gebracht haben. Ihre Heimat ist ferner als fern, sie waren seit Jahren nicht mehr dort. Lina stellt ihnen das Mythos-Bier auf den Tisch, Erdnüsse brauchen sie nicht, sie trinken auch schnell und schweigsam, sind bald wieder verschwunden, auf dem Weg zu ihren fensterlosen Unterkünften.

Je später der Abend, desto exquisiter die Gäste. Man glaubt es nicht, aber da tritt nun ein französischer Edelmann mit Gefolge auf. Ein Immobilienhai mit dem Bleistift hinterm Ohr. Katzen der besonderen Art. Selbstverständlich auch die Unzertrennlichen, Paare, als solche schon kenntlich durch die Kleidung. Er mit Van-Gogh-Strohhut, sie mit geflochtener Strohhandtasche. Und so weiter. Wenn man Glück hat trifft man aber auch einen freiheitsliebenden Kreter, die *Mandila,* dieses schwarze Kopftuch mit den Perlen, auf dem bärtigen Kopf. Er lässt sich nichts vormachen. Ihm gehört die Insel.

Und manchmal, auch das glaubt man nicht, werden hier doch noch Gedichte in die Luft geworfen, und wer eines fängt, muss darauf antworten und dabei auf den richtigen Reim achten, wenn er es wieder fortwirft. Das ist die hohe Kunst, Jongleure wissen um was es geht. Keine Silbe darf zu viel sein. Ich sitze und staune und denke, jetzt ist es Zeit für einen richtig betonten Rakí.

Die Rechnungen, die Anastasia uns schreibt, klemmt sie in eine winzige Wäscheklammer. Es könnte ja Wind aufkommen, und der aus Libyen ist unberechenbar. Doch wenn du heute nicht bezahlen kannst, dann bezahlst du eben morgen. Oder nächstes Frühjahr. Du kommst ja wieder, keine Frage. Nichts geht verloren. Und ich möchte nachdenken, wer ich einmal war. Und Anastasias Haare wachsen und während sie wachsen und die Wochen vergehen, verändern sie ihre Farbe: Ein Muschelrot wird zu einem tröstlichen Steingrau, und niemand kann uns sagen, wie lang ein einzelnes Haar werden kann. Rote Muscheln sind sehr selten.

2.

Unsere Straße ist die Straße der Ausgewanderten; wir sind fast alle woanders geboren. Man könnte auch sagen: Wir sind Tintenfische, bewegen uns durch stille oder auch bewegte Gewässer, schreiben alles mit, aber bei Gefahr leeren wir unseren Tintenbeutel, verspritzen unsere Tinte und machen uns unsichtbar. So hat es schon der der alte Alfred Brehm aufgeschrieben.

Diese Tintenwolke irritiert den Angreifer und wir haben genügend Zeit zur Flucht, auch wenn wir gar nicht schwimmen können oder wollen, Männer wie Frauen, die wir sind.

Wir haben acht, manchmal auch zehn Arme, daran hängen die Saugnäpfe, mit denen wir das Undurchsichtige abtasten, erst dann greifen wir zu.

Die Tintenfische, sagt Brehm weiterhin, unterteilen sich in Sepien, Kalmare und Kraken. Sie sind die intelligentesten Weichtiere auf diesem Planeten. Das ist wohl wahr. Und sehr empfindlich.

Wir haben unsere Häuser verkauft, unsere Berufe gekündigt, unsere Partner verlassen, unsere Krankheiten verdrängt, das geleaste Auto nicht bezahlt, im Lotto gewonnen.

Und dann haben wir uns diese Insel ausgesucht, die sehr gebirgig und sehr verschwiegen ist. Wir verstehen hier kein Wort. Aber verstecken kann man sich hier gut. Und ein paar Worte können wir natürlich doch, sagen also am Morgen brav Kalimera, zum späten Nachmittag hin Kalispera, und am Abend Kalinichta, das klingt dann wie ein russisches Kinderlied. Danke und Bitte können wir auch, Ja und Nein und Prost. Vielleicht heißt übrigens *isos*, aber Vielleicht ist verboten. Und viele Worte können wir ohnehin nicht aussprechen. Auf dieser kargen Insel ganz weit südlich.

Als wenn Tintenfische sprechen könnten, geschweige denn schreiben. Vielleicht verhüllen sie sich ja auch nur aus der Langeweile des Augenblicks heraus. Oder wollen ein Spiel beginnen. Der Mensch von heute kennt sie ohnehin nur noch von der Speisekarte und bestellt sie gegrillt, frittiert oder sauer eingelegt. Dazu Retsina, greek salad, und, wenn es ans Bezahlen geht, Rakí satt.

Unsere Straße ist die Straße der Ausgewanderten, der Emigrierten, der Aussteiger, der Verlorenen, der Trinker, der Geschichtenerfinder, der

Schausteller, der Spieler, der Überwinterer und Müßiggänger.

Aber manchmal, wenn uns niemand mehr hört und der Stummfilm doch noch beginnt, sprechen wir wie die Tintenfische, strecken unsere Arme aus.

Der echte Kreter gibt seinen Hirtenstock, den gewundenen *Katsouna*, nicht aus der Hand. Aber der echte Kreter hat sich in die Reiseführer zurückgezogen, Buchdeckel zu, und wenn er in den Bergen seine Lämmer und Ziegen schlachtet, kann seine Rauchzeichen niemand mehr lesen.

Radio Mythos meldet: Der weltbeste Scharfschütze für tot erklärt. Tot.

Ach, von der Zukunft kann man auch nicht mehr leben. Kriege werden nicht mehr erklärt, aber füllen die täglichen Nachrichten.

Radio Mythos meldet: Für den Nachmittag gilt eine mittlere Sturmwarnung, Südsüdwest, bis zu 40 Stundenkilometer, die Luft kann sich mit Saharastaub anfüllen.

Dann nur noch ohnmächtiges Rauschen, als hätte jemand am Senderknopf gedreht und die nun doch sehr windbewegte Musik des Meeres hineingelassen.

Manche der Gäste scheinen von den Göttern nun restlos verlassene Gestalten aus einer verlorenen Zeit zu sein. Sie sprechen nur noch in Zeichensprache. Das reicht ihnen. Es ist ja alles gesagt, und andere drehen sich unentwegt Zigaretten, die sie dann gar nicht mehr rauchen.

Zeitung liest hier niemand; die gibt es in diesem Meeresdorf gar nicht.

Auch Bücher sieht man selten; vielleicht bin ich der einzige, der zumindest ein Lesezeichen bei sich hat.

Radio Mythos meldet: Achtung, wir gehen wieder auf Empfang. Achten Sie auf Überläufer. Und Überläuferinnen. Auf all jene, die sich nie entscheiden können. Ja und nein, gerade so wie der Wind weht und es dem Hemdchen passt.

Über die menschliche Rasse kann man sich gar nicht genug Gedanken machen. Und alle haben sie Lieder, *what shall we do with the drunken sailor*, aber textsicher ist niemand. Und manche Passagiere tragen eine doppelte Schwimmweste?

Und ich, ich höre wieder einmal zu. Höre der nahen Brandung zu, die, sofern es der Wind zulässt, in ihre ewigen

Selbstgespräche vertieft ist. Mal sind ein paar Steine mehr darin, mal ein paar weniger. Ich höre zu. Was ist Frage, was ist Antwort? Aber noch lieber öffne ich die Augen, so weit es geht, und verstehe alles.

Weit draußen am Horizont, wie mit dem Lineal gezogen, wird ein großes Schiff von rechts nach links geschoben. Doch niemand weiß, wohin es verschwinden wird.

Man muss die Menschen doch gewinnen können, anstatt sie gleich verloren zu geben, sage ich mir nicht zum ersten Mal.

Und blicke auf.

Mein Wasserglas hat sich schon wieder gefüllt. Danke. Efaristó. Anastasia lächelt. Ohne Worte.

„Rede doch mal minoisch", sage ich dann plötzlich. Und weiß auch nicht, warum ich das sage. Vielleicht gefällt es mir, mit den Zeiten zu spielen. Und ich sage es zu ihr, mit der ich sonst ja kaum spreche. Ich wundere mich immer wieder über mich selbst.

Und auch sie sieht mich erstaunt an, aber da gerade keine anderen Gäste da sind, versucht sie es wirklich. Und sie kann es. Ich höre ihr zu, ganz gebannt, wie sie die noch niemals gehörten Worte findet. Mit tief geschlossenen Augen.

Schade, denke ich, jammerschade, dass die Tonaufnahmegeräte noch nicht erfunden sind. So geht doch alles wieder verloren. Und keiner weiß Bescheid. Nebel zieht die Hänge hinauf, der Blick in die Tiefe der Zeit verschwindet.

Aber egal, ein paar Tage später, immer öfter bin ich jetzt der einzige Gast, erzählt sie mir die Geschichte von der Königin und dem König.

In meiner Sprache erzählt sie mir davon, und ich spüre, wie sie ein wenig Anlauf nehmen muss, um die Sprache ihrer Kindheit zu erreichen: „Hör zu. Es ist alles so, wie ich es sage. Oberhalb des Dorfes gibt es auch heute noch die Steine, die Mauern, manchmal bei aufziehendem Seenebel erkennt man auch noch den Turm. Pirgos. Wirklich allerbeste Lage. Rundumblick. Sir John wird es dir bestätigen. Eines Tages erschien dort nun der König mit seiner Königin und ließen sich einen Palast bauen. Um den Turm herum aber lag die Siedlung, sie hatte achtzig Zimmer, und ein jedes dieser Zimmer wartete auf den königlichen Besuch. Doch dann kam die Zeit, da der König in die Welt hinaus musste. Das machte die Königin traurig, aber sie verstand ihn nur zu gut: Dann geh, lass mich aber im Turm wohnen. Das versprach er ihr, dann hätte sie freien Blick in alle acht Himmelsrichtungen und sähe als erste, wenn er denn wieder zurück kehrte. So nahmen sie Abschied voneinander, ohne zu wissen, dass sie sich nie wieder sehen sollten."

Lena Anastasia erzählt mir dieses Märchen und wird immer leiser dabei. Unwillkürlich falte ich die Hände auf dem runden Cafétisch (könnte auch drei Fingerspitzen zusammenlegen und viele schnelle Kreuze schlagen), doch irgendwann sehe ich nur noch ihre sich bewegenden Lippen.

3.

Man sagt, dass die Minoer in ihrer höchsten Not ein Menschenopfer dargebracht haben, in Anemospilia war das, im Tempel der Windhöhlen, vor mehr als dreieinhalbtausend Jahren. Doch erst jetzt fand man das Skelett eines gefesselten jungen Mannes. Er war wohl 18 Jahre alt. Er lag auf dem Altarblock, neben ihm eine lange Bronzeklinge, durchaus benutzt. Schon wenige Stunden später stürzten die Mauern ein. Die Katastrophe war da, die rätselhafte, die den Untergang dieses Volkes besiegelte.

Auch die minoische Königin, in ihrem Pirgos oberhalb des Flusses Mirtos, blieb nicht vom Untergang verschont. Ein paar große Vögel kreisten in der Höhe, wie unbeteiligt, dabei waren sie doch Zeitzeugen. Aber sie kreisten nur.

In späteren, in sehr viel späteren Zeiten allerdings, so sagt man, wäre die Königin doch noch auferstanden, sei hinunter gegangen und hätte ein kleines Kafenion eröffnet, unten am Meer, in einer recht bescheidenen Straße, die sich am Pelagos Livykó verliert. Und dort erfreute sich die Gemeinde an ihren langen zeitlosen Röcken, dem Schultertuch und den kunstvoll verzierten Lederstiefeln. Außerdem hatte sie etliche Tassen und Untertassen gerettet, auch Krüge, allesamt aus diesem feinen Ton getöpfert und oft mit winzigen Tintenfischen bemalt, die ihre Fangarme ausbreiten. Noch heute serviert sie dort, im Libyschen Café, hört zu, hat ihre Gäste im Auge, zieht sich manchmal zurück in die inneren Gemächer, in die winzige Küche, in das Magazin mit den Bildern an der Wand.

Doch einmal die Woche, immer mittwochs Abend, ist alles anders: Da kommt der Lyraspieler. Und Lena (oder ist sie dann Anastasia?) singt. Sieben Lieder singt sie, immer nur sieben, in denen die Schönheit des Lebens beschworen wird, die Freude und die Ewigkeit. Natürlich auch die Bitterkeit und das letzte Glas, bevor man geht, das allerletzte Glas.

Wenn sie singt, verwandelt sich ihr Café in etwas Schwebendes, wird zu einer Gondel unter einem Fesselballon, der nun ein wenig an seinen Tauen zieht. Fort will er. Up up and away. Auf griechisch klingt es wie *Ola Se Thimizoun*, und der Traum, der knarrt, bis das Meer ihn wieder übertönt. Alles erinnert dich, einfach und geliebt, erinnert dich an die

Dinge. Das sind die Dinge für dich. Nicht nur die Tintenfische hören zu.

Wir klatschen und rufen leise Bravo. Die Sängerin klatscht mit uns, und nach dem siebten Lied verneigt sie sich.

Die Lyra, die man auf dem Knie spielt, wandert zurück in den Stoffbeutel, der Spieler dreht sich ein paar Zigaretten für später. Wir trinken unsere Gläser aus, das Licht der Kerzen auf den Tischen flackert im aufkommenden Nachtwind. Kalinichta. Wir gehen. Nächste Woche ist Ostern, nicht vergessen, dann wird man uns ein neues Licht in die Hand geben.

Und in der Osternacht lehrt uns die Sängerin die Weltsprache, die uns berühren soll: Christos anésti. Auferstanden! Er ist wirklich auferstanden. Alithos anésti. Neun Kreuze schlägt er uns auf die Brust. Und seine und unsere Auferstehung besingen die Engel im Himmel. Und auf Erden singt Lena Anastasia, das Gastarbeiterkind. Singt für uns, ihre zusammengewürfelte Gästeschar: kommt, nehmt das Licht, und nach Mitternacht heben wir die Gläser und essen die Kuttelsuppe, wie es das Gesetz vorschreibt. Den Tag darauf, den langen Tag darauf hält Lena, die Mehrsprachige, ihr Café geschlossen. Und in der Helligkeit des Morgens, nur ein paar tausend Schritte landeinwärts, in der Stille der Berge, ruft ein Hirte nach seinen Ziegen. Er steht auf der Ladefläche seines Pickups und ruft und ruft in Ziegensprache. Die Tiere heben ihre Köpfe, halten inne im Fressen und folgen dann dieser Stimme, talwärts, mit sicheren Sprüngen.

Die Zeit vergeht. Keine Frage. Nur der Hunger nach dem Sinn des Lebens, das sich nun langsam zusammenfaltet, bleibt.

Der Hirte kennt jedes Tier in seiner Herde. Und sie kennen ihn.

Und mir gefällt es sehr, noch eine Rechnung offen zu haben, im Café am libyschen Meer. In jenem südlichen Dorf, dessen Name nicht verraten wird. Komm wieder, heißt die Rechnung.

Aber der Tag, an dem einer wie Nitup nicht mehr an seinem Tisch erscheint und sein Buch aufschlägt, den kreuzen wir uns an im Kalender dieses Jahres. Dreifach. Ein Freudentag.

Und die Kinder, unten am Meer bauen aus lauter kleinen und großen Steinen, aus vielen Zweigen und Stöcken einen Hühnerstall, ja, wirklich, einen Hühnerstall, wie sie stolz behaupten, und sie vergessen auch nicht die Klappe, die man am Abend schließt, damit der Marder draußen bleibt. Der böse Marder.

Sie sehen nur ihr Spiel, das für sie gar kein Spiel ist. Und nur sie wisen, dass es ein Hühnerstall ist.

Im Hintergrund halten die hohen Berge Wache, zweitausend Meter steigen sie an, kahl sind sie und trocken, schrundig wie die Haut eines Elefanten. Auf ewig unverrückbar. Am Himmel kreisen die Habichte, die Falken.

Aber jetzt sind die Kinder am Wasser und in ihren Köpfen, da bin ich mir sicher, ist der ganze große Ozean. Auch wenn sie heute noch glauben, er würde in einen Eimer passen.

ANDERE TAGE IM PARADIES

Der Himmel war schon immer da, aber das wusste Gott nicht. Also machte er sich einen eigenen. Um die Erde kümmerte er sich ebenfalls. Ganz kurz nur überlegte er, ob er sie so wüst und leer lassen sollte, wie sie war. Dann hätten die Einzeller und all die anderen Mikroben die weitere Entwicklung selbst in die Hand nehmen können, und am Ende wäre auch ein Mensch dabei herausgekommen. Ganz bestimmt. Aber was für einer?

Nein! entschied Gott. Er wollte lieber auf Nummer sicher gehen.

Der Mensch braucht Hingabe und Verständnis. Nach ihm soll nichts mehr kommen. Er ist die Krönung.

Also schuf Gott zunächst einmal den Walfisch. Der brauchte ein Meer, denn nur im Wasser kam er voran. Auch wenn er seinen Atem aus der Luft holen musste.

Deshalb schenkte ihm Gott ein Meer, und nicht nur eins, sondern sieben.

Die Sieben Meere! Jetzt ging es dem Walfisch wirklich gut. Und er fing an sich zu vermehren und pflügte durch alle sieben Meere, bis heute.

Doch irgendwann verlor er eines seiner Kinder.

Am Strand von Paradiso Papagayo geschah es, dort war Gott dabei sich auszuruhen, dort bevölkerten schon die Papageien den Himmel, diese ewig vorlauten, besserwisserischen Vögel.

Gerade von ihnen fühlte sich das neugierige Walfischkind angesprochen, watschelte also vorsichtig auf seine Flossen gestützt und nicht ganz unbemerkt von Gott, an

Land. Der hielt sich zurück, wusste er doch schon lange, dass alles Leben aus dem Meer kommt.

Wir, meine Lebensgefährtin und ich, hatten zwei Wochen All Inclusive gebucht, Gott aber sahen wir noch nicht. Ich sprang bereits vor dem Frühstück in den Pool, zog meine Bahnen. Tauchte nach Steinen, die ich am Vorabend bei Dunkelheit ins Wasser geworfen hatte.

Eva, wir haben immer noch nicht geheiratet, las fast den ganzen Tag. Romane, Erzählungen, auch Heftchen, am liebsten aber Comics. Hier guck mal, rief sie, hier ist es abgebildet. Und tatsächlich: Als Adam seine Frau erkannte, wurde sie schwanger. So sprach der Herr. Viel mehr Platz war ja auch nicht in der Sprechblase. Oder Fruchtblase? Auf jeden Fall antwortete Eva mit einem stark gewölbten Fragezeichen.

Ich gab ihr das Heft zurück. So nicht. Dann lieber ein richtiges Buch. Komm bitte, frühstücken.

Sie sah mich mitleidig an, ich hätte wissen sollen, dass sie sich aus einem Frühstück nun rein gar nichts macht. Sie las lieber. Bis später, sagte sie.

All inclusive, wollte ich noch sagen, verbiss es mir aber.

Am Frühstücksbuffet konnte ich wählen: süß oder deftig. Apfel oder Ei. Müsli oder Speck. Ich war, dabei an Eva denkend, für das Gesunde, wobei das Gesunde auch ziemlich gut schmecken kann.

Und der ältere bärtige Herr, der nun an meinen Tisch trat und fragte, ob dort noch ein Platz frei wäre, störte mich nicht.

Guten Appetit, sagte er und fuhr lächelnd fort: Seid fruchtbar und mehret euch und füllet die Erde und herrschet über die Fische im Meer und über die Vögel unter dem Himmel und über das Vieh. Und damit belegte er sein Brot mit Schinken, Käse und Sardelle. Das Messer schnitt gut, und er kaute voller Andacht. Er hatte seinen Teller randvoll gefüllt. Ich ließ ihm Zeit.

Zum Nachtisch teilten wir uns eine Nussschnecke: Der Himmel ist hier auf Erden, sagte er und sah mich dabei an. Ich bestritt nichts. Sagte nur: Bis morgen. Warum ich das sagte, weiß ich nicht. Vielleicht wollte ich mehr erfahren.

Gegen Mittag hatte man das Walfischkind entdeckt. Es gab einen regelrechten Auflauf. Zunächst hielt man es für einen Gag der Animateure, dann wurde die Stimmung ernst.

Selbst die Papageien schwiegen. Muttergefühle so weit das Auge sah. Auch meine Eva betastete das gestrandete Kind mit ihren Blicken. Dann sah sie mich. Winkte, zeigte. Ich begriff sofort. Schon half ich dem Walfischkind zurück ins Meer. Von wegen, dass alles Leben aus dem Meer kommt. Ich werde es dem Mann mit der Nussschnecke erzählen, gleich morgen, an unserem zweiten Tag.

Vom Walfischkind war nichts mehr zu sehen. Nur weit draußen auf dem Ozean wanderte eine Fontäne himmelwärts: Mutter hat ihr Kind wieder. Aber das konnten wir, auf unserem Liegestuhl mit Sonnenschutz natürlich nicht sehen, und Eva las schon wieder: Hier, guck mal, wie die Sonne den Mond anguckt.

Ja, ja, ich weiß, da ward aus Abend und Morgen der zweite Tag.

Und als der Morgen graute und ich sie verließ, wartete der Herr bereits an unserem Zweiertisch mit Blick in den Innenhof auf die Palmen und Bananenstauden in ihren Kübeln, gut bewacht vom Gärtner der Anlage, der dieses alles gepflanzt hatte.

Der Herr blickte fasziniert auf sein Rührei, als ob er dadurch eine Evolution in Gang setzen könnte.

Guten Appetit, sagte ich und setzte mich neben ihn.

Er ließ sich nicht stören. Denn im Gegensatz zu mir war und blieb er ein Alleinreisender.

Zum Nachtisch setzten wir uns dieses Mal in den Innenhof, ein letzter Schluck Kaffee und der neue Tag konnte beginnen. Selbst die Nussschnecke hatte sich über Nacht vermehrt, nun gab es für jeden eine. Da kam schon der Gärtner mit dem Schlauch, denn im Paradiso Papagayo regnet es so gut wie nie.

Another day. Und ich hatte unglaublich viel lose Zeit in der Tasche.

Als erstes traf ich Eva, am Pool. Sie las. In aller Seelenruhe, von Zeit zu Zeit biss sie von ihrem Apfel ab, wie meistens ein Golden Delicious, importiert. Ich tat, als hätte ich sie gar nicht gesehen. Ich mag sie. Wenn sie nicht da wäre, hätte ich eine unglaubliche Sehnsucht nach ihr, aber Apfelessen ist nicht mein Ding und Lesen auch nicht. Vielleicht habe ich es gar nicht nötig, zu lesen, was sich andere Leute ausdenken. Aber kaum war ich an ihr vorbei, rief sie mir hinterher: Denk daran, wenn du eine Viper siehst, tritt nicht drauf.

Ich winkte ab, kannte mich doch mit Schlangen aus, auch mit den zweifüßigen. Wobei der Biss der Wüsten-Hornviper, die sich auf dieser trockenen Insel so wohlfühlt, ein sehr schmerzhafter ist. Sie klappt ihre Giftzähne aus und zerstört dir die Zellen deines Blutes. Da hast du keine Chance mehr.

Mittags erreichte ich die Oase von La Oliva, Hülle und Fülle, die Falter und Kletterpflanzen, die Schnäbel, die Blüten, die Früchte, die aufspringenden Kapseln, Blätter wie ein Schwarm von Fischen, Spinnen, verschlungene Zweiglein und wucherndes Kraut: da ließ es sich gut verstecken. Vielleicht sogar ein Menschenpaar. Hier nun muss ich meine Aufmerksamkeit steigern, Kopf und Herz.

Doch erst einmal packte ich alles, was ich bekommen konnte, in meinen Rucksack. Erst dann beschloss ich zu bleiben, abzuwarten.

Schon bald sah ich die Augen von Katzen, von lauernden Eulen, hörte, wie sich unbekannte Tiere bewegten, aus den Stämmen der Bäume tropfte das gerinnende Harz wie helles Blut. Ich hielt Ausschau nach Eva. Rief sie. Aber nur ein Wiedehopf flatterte auf. Da warf ich mir den Rucksack auf den Rücken.

Des Abends war Tanz. In der tropico-polaren Bar, ein Holzschuppen, mit trockenen Palmenblättern gedeckt, gleich vorne bei der Rezeption. Eva versprach mitzukommen; sie steckte gerade zwischen zwei Büchern, das alte beendet, das neue noch nicht angefangen. Also Tanz mit dem Lebensgefährten. Auf der Bühne, zwischen Drums und Keyboard, hatten sie eine Schlangentänzerin. Wir konnten gar nicht hinsehen. Dennoch musste ich Eva, während wir solo tanzten, fragen: Hast du was mit dieser Schlange gehabt? Sie lachte: Deine Phantasie möchte ich nicht haben.

In der Nacht kroch ich hinüber in ihr Bett.

Der dritte Tag war bewölkt. Mein Frühstücksnachbar hatte nur ein Müsli zu sich genommen, war aber intensiv beschäftigt: Er baute etwas, ich konnte nicht erkennen was. Dieser ewige Spieltrieb der Männer, dachte ich nur.

Da blickte er plötzlich von seiner Arbeit auf: Adam! sprach er mich erstmalig mit Namen an, und unbewusst legte ich meine Hand schützend auf die linke Rippe, die mich seit der vergangenen Nacht schmerzte.

Adam, wiederholte er, wo warst du, als sie dich brauchte?

Wer mich brauchte? stammelte ich.

Dein Weib?

Mein lesendes Weib?

Ja.

Sie braucht mich nicht.

Da schüttelte er nur den Kopf und baute weiter, wollte wohl noch etwas verbessern: Du wirst schon sehen, allein ihretwegen verlässt ein Mann Vater und Mutter und hängt ihr ein ganzes Leben an, dass sie werden ein Fleisch.

Tags darauf ließ ich das Frühstück ausfallen und ging schon früh mit Eva an den Strand. Wir schwammen wie Gott uns geschaffen hatte, vom Feigenblatt wussten wir noch nichts.

Die kleinen und großen Walfische zogen mit uns ihre Bahn, hin und zurück. Wir spürten ihre kolossale Nähe, oft war nur ein Hauch zwischen uns, aber wir berührten uns nicht.

Später lagen wir auf unseren Liegen, trockneten in der Sonne. Eva hatte wieder genügend Äpfel in ihrer Korbtasche, von denen sie mir wohlweislich keinen anbot. Sie zog ein dunkles, schweres Buch hervor, ganz ohne Bilder, das hatte sie im Nachtschrank vom Paradiso gefunden und musste mir natürlich daraus vorlesen: Im Schweiße deines Angesichts sollst du dein Brot essen, bis du wieder zu Erde werdest davon du genommen bist.

Ich ließ den warmen Sand durch meine Hände rieseln und hörte nur mit halbem Ohr hin. Da blätterte Eva weiter, und richtete sich auf, denn sie hatte eine Stelle gefunden, die, hörst du!, angeblich mit mir zu tun hatte: Adam war nun 130 Jahre alt und zeugte einen Sohn, ihm gleich und nannte ihn Seth und lebte danach 800 Jahre und zeugte Söhne und Töchter …

Na und? unterbrach ich sie: So etwas gibt es.

Da schmollte sie. Zum gemeinsamen Mittagessen kleideten wir uns an.

Abends gingen wir tanzen.

Am nächsten Tag musste ich entdecken, dass ich alleine am Frühstückstisch saß. Der unbekannte ältere Herr war nicht erschienen und erschien auch an den folgenden Tagen nicht. Nicht einmal am 7. Tag, wo er doch hätte ausruhen können. Vielleicht, so dachte ich, baut er nun etwas ganz anderes, etwas, das niemand sehen soll, etwas, das uns allen eine Hilfe ist und zu uns passt.

Eva las und las, schließlich hatte ihr Buch 2020 Seiten, Dünndruck: … und zeugte Söhne und Töchter, dass sein ganzes Alter ward 930 Jahre, und starb.

Unser Urlaub endete pünktlich am 14. Tage. Manchmal ärgere ich mich über unsere Zeitrechnung, als wenn wir nichts begriffen haben, und von der Ewigkeit schon gar nicht. Richtig schwierig wurde es am Flughafen, als sie mein Handgepäck kontrollierten. Dabei hatte ich in dem Rucksack doch nichts anderes, als das, was ich in der Oase gefunden hatte. Daraus ließe sich zu Hause ein immergrünes Paradies bauen, in dem sich zwei wie wir in aller Unschuld verstecken könnten. Da könnte es uns gutgehen.

Schon wurde Eva ungeduldig, sah sich nach mir um. Aber dann winkten sie mich doch durch.

EINE GUTE SCHWIMMERIN

Sie war eine gute Schwimmerin. Rettungsschwimmerin. Und sie liebte das Meer, die weiten Strecken im Wasser, nicht nur immer die Bahnen im Schwimmbad. Nein, sie wollte weit hinausschwimmen. Über und unter der Wasseroberfläche, ohne Angst vorm tiefen Wasser. Und wenn sie sich in einen Mann verlieben sollte, müsste der auch schwimmen können. Deshalb, und auch, weil sie noch keinen Berufswunsch in sich verspürte (zumindest keinen, den sie laut sagen durfte), meldete sie sich nach dem Abitur zur Marine. Da gab es Wasser genug. Und man konnte erst einmal abwarten. Das Gewehr im Spind lassen.

Sie war gerade neunzehn Jahre alt, und auf dem letzten Foto, das von ihr existiert, guckt sie unentschlossen, eher traurig. Blickt den Fotografen direkt, aber mit verschwimmenden Augen an, neben sich die blank polierte Glocke der Viermastbark. Auf dem Kopf trägt sie die weiße Matrosenmütze mit dem schwarzen Rand und den schwarzen Bändern. Die Goldschrift ist nur schwer zu entziffern. Auf was sie stolz ist, wissen wir nicht. Ihre Haare kringeln sich darunter hervor. Ein dunkleres Blond, das sich nach Sonne und Leichtigkeit sehnt. *Aurora* hieß ihr Schiff, und das hatte bestimmt mit der Morgenröte zu tun. Auch wenn ihr Rumpf schwarz war, pechschwarz wie die Nacht. Als Galionsfigur ein weißer Gänsekopf mit angelegten Flügeln, das Symbol ewigen Schwimmens, nicht zu verwechseln mit einem Engel.

Man weiß nie, wo das Unglück endet und das Glück beginnt. Wie es ist, wenn man fällt, fällt, fällt. Sinkt, sinkt und sinkt.

In dem Moment, als sie fiel, wusste sie, dass nun alles anfing. Sie tauchte ein, es war wie der Sprung vom 5-Meter-Brett. Nur dass die Wellen hier hoch und sehr bewegt waren. Das Wasser schlug sie. Als sie nach oben kam und die Augen aufriss, zögerte sie zu rufen. – So verstrichen die Sekunden. Es wird jemand kommen, mich unter Wasser drücken oder mich herausfischen, dachte sie. Erst dann schrie sie.

„Hiiilfe!!", schreit sie. Hilfe.

Schluckt Wasser, so salzig, so schwer, holt aber wieder Luft und schreit, schreit, schreit. Sieht nur noch das Heck des Schiffes, hoch aufragend, und wie es sich langsam entfernt. Aber sie sieht auch, wie ein Rettungsring auf sie zu fliegt. Ein Ring, der sich um einen Planeten legt. Sie greift danach. Sie greift daneben, schluckt noch einmal Wasser, viel zu viel Wasser, aber sie ist doch eine gute Schwimmerin. Vergiss das nicht, Marie. Rettungsschwimmerin warst du am Strand von Eckernförde, zwei Sommer lang. Und dann bekommt sie den Rettungsring endlich zu fassen. Hängt sich daran. Wartet auf das, was jetzt geschehen muss. Aber während sie wartet und die Wellen sie hin und her werfen wie einen fremden Körper, merkt sie, dass am Ring keine Leine hängt. Niemand, der sie wieder an Bord ziehen kann. Und auch das Schiff, das segelnde Trainings- und Schulschiff, diese verlässliche Viermastmark ist nicht mehr zu sehen. Und außerdem ist es Nacht, eine milde Spätsommernacht, mit Wolken und Sternen dazwischen und Planeten am schwarzen Himmel.

Sie zieht sich den Rettungsring unters Kinn.

Ich bin zu schwer, denkt sie, ich bin viel zu schwer, ich muss die Seemannsstiefel ausziehen. Sonst zieht es mich noch auf den Grund.

Sie hätte gerne einen Bruder gehabt, Geschwister. Doch ihre Eltern hatten es bei dem einen Kind, bei ihr, belassen: Marie, genannt Merry, oder auch Mieke, Mausekind. Sie wollte ganz anders heißen, doch das sagte sie nicht, auch nicht, dass sie fort wollte, von Anfang an.

Sie musste sich um wenig kümmern.

Ihre Mutter arbeitete als Sekretärin, Vorzimmerdame hieß das, bei einem Politiker, in ihrer Jugend war sie eine Hochspringerin gewesen, der Vater hatte ein Büro. Der Tag war eingeteilt in feste Abläufe, und er funktionierte. Die Mutter weckte, der Vater machte inzwischen das Frühstück; dabei konnte er den Bademantel anbehalten. Die Milch geriet ihm immer zu heiß.

Zu dritt saßen sie dann an dem kleinen Küchentisch, redeten wenig mehr als das Nötigste. Das was die Eltern am meisten miteinander verband, war die Religion; die hatten sie sich selbst gemacht. Dazu brauchten sie nicht einmal eine Sekte. Sie verstanden sich ohne Worte.

Wenn Mutter und Tochter das Haus verlassen hatten, konnte der Vater noch einmal ins Bett kriechen. Dort bewahrte er alle Geheimnisse auf, und die Pläne für den kommenden Tag: das, was er sich vorgenommen hatte, wenn er um neun Uhr sein Büro, das sich im Haus befand, öffnete.

Die Schule erledigte Marie mit der nötigen Aufmerksamkeit, aber ohne ein tiefergehendes Interesse. Dennoch hielt sie sich immer im ersten Drittel der Klasse auf, besser als der Durchschnitt.

Schon früh aber entwickelte sie zwei Leidenschaften: die erste war die fürs Schwimmen, die zweite die für ihre beste Freundin Evelin. Beides entdeckte sie fast zur gleichen Zeit, es war nach den Sommerferien, als sie aufs Gymnasium kam. Evelin saß neben ihr.

Sie kannten sich nicht. Man hatte sie einfach nebeneinander gesetzt. Sie sprachen kein Wort miteinander. Sahen auch nur geradeaus, wo in einiger Entfernung eine grüne Tafel zu erkennen war, mit wichtigen Kreidestrichen, die aber immer wieder abgewischt wurden, um Platz für Neues zu schaffen. Der Schwamm schmierte. Wenn es trocknete, sah man die Schlieren. Eine unaufgeräumte Welt, dachte Marie und schielte einmal kurz hinüber zu ihrer neuen Banknachbarin.

Am nächsten Tag fehlte Evelin, und Marie fing an sie zu vermissen.

Dann war sie wieder da und fragte, ohne dass sie Marie dabei ansah: „Hab ich was verpasst?"

„Nö."

In der großen Pause gingen sie nun zusammen auf den Schulhof, hielten größtmöglichen Abstand, behielten sich aber dabei im Auge, möglichst unauffällig.

Drei Tage später waren sie unzertrennlich. Marie: Herz in Alarm, manchmal zu aufgeregt, um etwas zu essen. Aber im Wasser fühlte sie sich sicher. Evelin: Himmelsguckerin, manchmal verschlafen, dann wieder überwach. Beide noch Kinder, Mädchen auf dem Weg zur Raupenbahn. Kirmeszeit, erste Liebesperlen kullern übers Pflaster, und die Rosen kann man sich auch selber schießen.

Marie liebte das Wasser. Evelin den Himmel.

„Den kannst du aber nicht anfassen."

„Und ob ich kann."

„Du warst doch noch nie im Himmel."

„Woher willst du das denn wissen? Nur weil du schon im Wasser warst und dort Bescheid weißt, denkst du, ich war noch nie im Himmel?"

„Komm mit mir ins Wasser."

„Dann kommst du aber auch mit mir in den Himmel."

„Mal sehen."

„Wo ist man eigentlich, wenn man nirgendwo mehr ist?"

Darüber dachten sie dann beide lange nach. Und kamen zu keinem Ergebnis.

Marie trainierte weiter.

Mit vierzehn schwamm sie schon fünftausend Meter, das war hundert Mal die Bahn. Hin und her. Evelin lag währenddessen mit dem Rücken auf der Liegewiese und beobachtete den Himmel, die weißen Streifen der Flugzeuge, die schnell wieder aufflockten und immer nur für kurze Zeit einen Halt boten.

Und Marie schwamm, zweihundert Mal die Bahn, zweihundertfünfzig, irgendwann würde sie bis Afrika schwimmen.

Sie hatte es geschafft, Kopf, Schultern und Arme durch den Rettungsring zu zwängen. Jetzt konnte sie damit beginnen, die schweren Seemannsstiefel auszuziehen. Knie anziehen, blind mit den Fingern nach den Schnürsenkeln tasten. Das Meer rollte immer wieder über sie hinweg. Luft anhalten. Wasser aus den Augen schütteln. Dann wurde ihr schlecht vor Angst. Wer hatte ihr den Rettungsring zu geworfen, den Rettungsring ohne Leine? Wer tat so etwas? Und warum drehte das Schiff nicht bei, wo blieb das Rettungsboot? Sie sah nichts. Kein Licht. Sie hörte nur die Wellen und den Wind, der um ihre Haare pfiff. Es dauerte lange, sehr lange, bis sie die Stiefel von den Füßen hatte. Aber natürlich fühlte sie sich freier, viel sicherer. Ich kann doch schwimmen, irgendwann wird es hell. Sie legte den Nacken auf den harten Rettungsring, versuchte den Himmel zu erkennen. Evelins

Himmel, ach, wie lange lag das schon zurück, wie viele Jahre. Der Wind, so schien ihr, ließ allmählich nach. Die Wellen brachen sich nicht mehr so oft. Die Wellen, immer noch einige Meter hoch, liefen länger und langsamer dahin, hoben die Schiffbrüchige empor, wanderten mit ihr auf den Wellenberg und wieder hinunter ins Tal. Es war noch Sommer. So schnell sterbe ich nicht, dachte sie. „Ich sterbe nicht", flüsterte sie. „Ich liebe dich, ich liebe dich." Sie begann am ganzen Körper zu zittern. Ich muss die Hose ausziehen, sie wird zu schwer, die Strümpfe. Ich muss schwimmen, das hält mich warm. Ich kann doch schwimmen.

Sie erkannte keinen einzigen Stern. Aber die Wolken waren hell an ihrer Unterseite und ganz nah. Auf und ab, mal näher, mal wieder weiter entfernt. Wenn du seekrank wirst, kotz über die Reling, vor deine Füße. „Evelin, guck doch mal runter. Siehst du mich hier schwimmen? Hörst du mich überhaupt." Und dann schrie Marie, dass ihr der Brustkorb schmerzte: „Hörssssst du miiiiich!!"

Der Bootsmann, der den Rettungsring ohne Leine geworfen hatte, stand immer noch an der Reling. Er sah den schnell davontreibenden Ring. Das Schiff konnte seine Fahrt nicht verlangsamen. Da erst begriff er, was er getan hatte. Es war Nacht, aber nicht ganz dunkel.

Er gab Alarm: MANN ÜBER BORD! Es gellten die Sirenen, so wie es Vorschrift war. Sofort kam Leben in das Schiff; es drehte bei, ging mit den Segeln in den Wind. Das Beiboot wurde klar gemacht. Befehle in der Nacht, abgehackte Sätze, einzelne Worte, keine Panik.

Der Bootsmann wartete noch zwei, drei Minuten, dann sprang er, ohne diesen Gedanken richtig zu Ende zu denken. Er wollte nur fort, nicht mehr da sein.

Das war möglicherweise das Verkehrteste, was er tun konnte.

Was ich tun konnte, dachte er jäh, als ihn das kalte oder doch nur mäßig warme Wasser umschloss. Wäre er in seine Koje gekrochen, hätte er sich die Ohren mit Kaugummi verklebt und seine Schuld niemals gestanden.

Doch jetzt! Nicht einmal an eine Schwimmweste hatte er gedacht. Schon tauchte er unter, aber auch wieder auf.

Ums Schwimmen hatte sich der Bootsmann nie gekümmert. Er interessierte sich nur für Radrennen, Giro d'Italia, Tour de France, Spanienrundfahrt, Flandern, da konnte er stundenlang, gedopt oder nicht, vorm Fernseher sitzen, der einsame Bergfloh, der rasende Abfahrer, die leeren Landschaften rechts und links, die überfüllten Straßenränder, wenn die Fans vor Begeisterung ihre Helden fast zum Sturz brachten. Aber Schwimmen hatte ihn nie interessiert: Diese rasierten Körper in ihren Gummianzügen, die immer nur hin und her schwammen, Bahn für Bahn und keine Bahn war länger als fünfzig Meter. Nein, das interessierte ihn nicht. Ich gehe unter, dachte er, aber dann fing er an zu schwimmen. Wo habe ich eigentlich schwimmen gelernt? Und wann? Ich kann es doch. Einfach nur die Ruhe bewahren.

Aber jetzt ging es um sein Leben. Und nicht nur um sein Leben.

„Marie!!", rief er und es klang wie ein Gurgeln: „Marie, ich wollte das nicht, warum hast du das gemacht! Warum springst du denn einfach. Ich wollte das doch nicht. Du, Liebe! Lebens, meines Leben, meines Lebens."

Das salzige Wasser spuckte er immer, wenn es ihm in den Mund kam, wieder aus. Er schwamm. Er kam sogar voran. Über die Richtung machte er sich keine Gedanken.

Auch für ihn war es Nacht, aber nicht ganz dunkel. Nur schwimmen, nicht untergehen.

Marie war in der Nähe, aber sie glaubte nicht daran, dass jemand ihren Namen rufen würde, hier im nächtlichen Meer, weiter weg von den Menschen als der letzte Stern. Was sie hörte, glaubte sie nicht.

Auf der *Aurora* hatte man das Verschwinden der Seekadettin nicht bemerkt.

Doch wer hatte den Alarm ausgelöst? – Bootsmann Kai Ritter hatte gepfiffen und geschrien. Wo war er jetzt, wo?

Die gesamte Mannschaft wurde an Deck gerufen.

Mitten in der Nacht. Alarm! Diesmal keine Übung.

Das Rettungsboot ging zu Wasser. Suchscheinwerfer geisterten über die See. Aber es war nichts zu finden, nichts zu sehen, nichts zu hören. Ein zweites Boot wurde klar gemacht. Mit Herzklopfen gingen die Lebensretter an ihre Aufgabe, zogen immer weitere Kreise um die beigedrehte Bark, entfernten sich in die Richtung, auf der ihr Segelkurs gelegen hatte. Wen suchen wir denn, wen suchen wir? Mann über Bord.

Es war 2 Uhr und 35 Minuten.

Um 2 Uhr und 48 Minuten, so war es später in den Protokollen vermerkt, wurde der Bootsmann Kai Ritter gerettet. In verwirrtem, aber sonst gutem Zustand. Nur leichte Unterkühlungen. Er wurde sofort ins Schiffslazarett gebracht; der Bordarzt kümmerte sich um ihn, Heizkissen und Wärmedecken, erst dann wurden erste Fragen gestellt, denn der Kapitän, der sein Schiff nie verlässt, stürzte herein: „Ritter, was ist los!? Mann, so sprechen Sie doch!!“, schrie er ihn an und schüttelte den Arm des eben Geretteten.

„Sie wollte sich nicht umbringen“, flüsterte der: „Bestimmt nicht. Ich habe ihr nichts getan. Sie wollte das nicht. Sich umbringen. Sie kann besser schwimmen als wir alle.“

Jetzt zitterte er am ganzen Körper und plötzlich, als hätten ihn die Blutkörperchen aus der Bahn gebracht, begann er zu lallen: „Ich bin nicht ertrunken, Herr Kapitän. Zur See. Nicht ertrunken.“

„Sind Sie wahnsinnig geworden, Ritter“, der Kommandant rang um seine Fassung: „Sie geben Alarm. Mann über Bord. Und dann springen Sie selber. Mann Gottes. Sind Sie übergeschnappt. Was ist los? Das hätte doch schief gehen können. Sie hätten tot sein, können, Mann. Ertrunken.“

„Bin nicht ertrunken. Aber da schwimmt noch eine …“

In diesem Augenblick schwanden ihm die Sinne. Wirklich, da war nichts gespielt. Er verlor sein Bewusstsein. In diesem Augenblick schämte sich der Bootsmann so sehr, dass er, vor Scham, anfing zu sterben.

Ich könnte sterben, du könntest sterben, er sie es könnten sterben. Unter Wasser hört man auf, der Mensch zu sein, der man war.

Vollzähligkeitsapell! Noch halb im Schlaf suchten die, die in ihren Hängematten und Kojen geträumt hatten, ihre Jacken und Hosen. Fuhren in die Stiefel hinein. Schwankten. Begaben sich an Deck, warteten auf weitere Befehle.

Der wachhabende Offizier ließ alle antreten. Dann schlug er die Liste auf und fing an, alle Namen vorzulesen, Stammbesatzung, auszubildende Kadetten und Kadettinnen. Bei jedem Namen wurde ein HIER erwartet.

„Lauter!“, schrie der wachhabende Offizier.

Ganz unmerklich schwankte das Schiff, rollte ein wenig quer, trieb dahin fast ohne Fahrt. Die gesamte Decksbeleuchtung, selbst die Scheinwerfer in den Rahen waren eingeschaltet. Licht!

Es fehlte die Kadettin Marie Kramer.

„Kramer Marie!" hallte es durch die Lautsprecher über und unter Deck, pflanzte sich fort bis in die obersten Rahen. KADETTIN KRAMER MARIE.

Keine Antwort.

„Nein!!!", schrie eine der Kadettinnen und presste sich dann schnell die Hand auf den Mund. Das darf nicht wahr sein, so etwas darf nicht passieren, nie, nie, nie.

Der Kommandant des Schiffes erschien an Deck. Er nahm die Meldung entgegen.

„Verstanden." Hand zum flüchtigen Gruß an die seitliche Stirn.

Wir steuern in eine Katastrophe hinein, sagte er, ohne die Lippen zu bewegen, zu sich selber. Dann straffte er sich und veranlasste die nächsten Schritte, ganz nach Vorschrift, Rettungsplan F 24/2.

Zwei weitere Rettungsboote wurden zu Wasser gelassen; manchmal erloschen die Suchscheinwerfer, dann öffneten die Leute in den Booten ihre Ohren, aber keine Rufe waren zu hören, keine Hilfeschreie; selbst die Möwen waren still in der Nacht, und das Meer nahm sich zurück, plätscherte beruhigend vor sich hin. Aber von Ruhe keine Spur. Nur die Angst, die Angst, dass alles zu spät sein könnte …

Nach 20 Minuten erschienen die beiden ersten Hubschrauber der Seenotrettungsstaffel vom Fliegerhorst Eidermünde. Systematisch, Raster für Raster suchten sie in geringer Höhe die einzelnen Planquadrate ab.

Der Wind war nun vollends eingeschlafen. Die Viermastbark lag beigedreht, trieb nur ganz ganz sachte in der kaum vorhandenen Strömung dahin.

Der Kommandant ließ das gesamte Schiff durchsuchen, vom Bugspriet bis zum Achtersteven, alle Räume, alle möglichen Verstecke, vom Vorgeschirr bis in den Maschinenraum, alles wurde durchgekämmt. Selbst in den Ankerkasten warf man einen Blick.

Dann befahl der Kommandant alle 11 Stubenkameradinnen der Marie Kramer zu sich und begann sie zu verhören, mit einer harten, befehlsgewohnten Stimme, in der er seine Erregung, seine Angst nur äußerst notdürftig verstecken konnte.

„Wer hat sie zuletzt gesehen? Und wo?"

„Wir haben zusammen Abendbrot gegessen."

„Was hat sie gesagt?"

„Nicht viel. Hat sich Marmelade aufs Brot geschmiert, zum Abendbrot."

„Ja, rote, ganz rote, dunkelrote Marmelade."

„Aber sie machte einen fröhlichen Eindruck dabei. So als wenn sie sich auf etwas freute, innerlich zumindest."

„Und tagsüber, hat sie sich irgendwie anders verhalten als sonst?"

„Nein, sie war ja immer irgendwie ein bisschen anders als wir."

„Wie anders?"

„Na, irgendwie. Wie soll man sagen. Sie tat so, als wäre sie nur vorübergehend hier, als hätte sie etwas viel größeres mit sich vor."

„Und was könnte das gewesen sein?"

„Vielleicht wollte sie einen Krieg gewinnen."

„Was wollte sie?!" Der Kommandant sieht die Kadettin an, eine Hochaufgeschossene, viel zu schnell Gewachsene mit einem fast verächtlichen Zug um die Mundwinkel. Er liest ihr Namensschild: „Was wollte sie?", fragt er noch einmal.

Und wieder kommt die Antwort aus diesen blassen, spröden Lippen: „Den Krieg gewinnen."

Wegtreten! Mehr fällt dem Kapitän zur See nun nicht mehr ein. Aber er wird diese Worte nie wieder vergessen. Und diese viel zu trockenen Lippen. Fast hätte er gesagt: Nehmen sie sich lieber eine vernünftige Hautcreme. Doch er ist der Kommandant. Und hat Durst.

Und der Bootsmann, da unten im Lazarett? Was hat der mit all dem zu tun?

Ein Liebespaar schoss es, in dieser bitteren Stunde, nicht nur dem Kapitän durch den Kopf, ein heimliches Liebespaar, immer wieder, diese verbotenen Dinge, die den ganzen Betrieb durcheinanderbringen.

Aber warum waren sie ins Meer gegangen? Er und sie.

Ich packe ihn! schwor sich der Kommandant und eilte wieder hinunter.

Diesmal kam er dem bewusstlosen Bootsmann gefährlich nahe: „Wer schwimmt dort draußen??!!"

Kai Ritter hatte Marie das erste Mal im Café *Milch & Zucker* gesehen. Das heißt: Er hatte ihre Augen gesehen. Es gibt solche Augen, so ein blaues Blau; er hatte es vorher nur nicht gewusst. Er setzte sich an den Nebentisch, bestellte ein Mineralwasser. Es war für sie nicht neu, so angestarrt zu werden, dabei gab er sich doch Mühe an ihrer vorbeizusehen. Draußen, vor dem fast bis zum Boden reichenden Fenster, lag der weite Paradeplatz. Steingepflastert, Katzenkopf, eine glänzende Leere, nur am Sonnabend war hier Markt. Paradiert wurde schon lange nicht mehr. Soldaten gehörten einer aussterbenden Spezies an.

Er trank von seinem Wasser; es war ein stilles, oder medium. So genau schmeckte er es gar nicht.

Dann stand sie auf, streifte ihn beim Vorübergehen, denn Kai Ritter, Bootsmann auf einem Segelschulschiff und seit drei Jahren auf seine Beförderung zum Oberbootsmann wartend, hatte die gleichen Augen wie sie.

„Entschuldigung“, sagte sie und war schon an der Tür.

Er konnte nicht anders, er musste ihr nachlaufen.

Der Platz war weit und leer, grenzte aber an einen bewaldeten Park mit lauter Stein- und Bronzefiguren, Mutter mit Kind an den Bauch gepresst, ein nackter Jüngling ohne Diskus, ein Paar sich umarmend, ein weiblicher Torso, kopflos, Zwillinge (Eva und ihre Kinder), ein alter Mann, eine Fischverkäuferin. Aber auch moderne Kunst hatte sich zwischen diese Volksvertreter geschmuggelt. Granitblöcke. Marmorstelen. Spiralen. Das gespaltene Ich, die geschnürte Dame.

In diesen Park also ging sie; wahrscheinlich war sie noch Schülerin.

In diesem Park gab es Deckung genug für ihn. Dennoch wusste sie, dass er ihr folgte. Und sie wusste auch, dass es ihr gefallen würde, ihn immer weiter wegzulocken von all seiner Sicherheit. Den lasse ich verhungern, dachte sie und dachte an seine Augen, die sie vorhin gesehen hatte. Er folgte ihr.

Und tatsächlich, die Wolken schoben sich auseinander, und Marie erkannte den Stern, auf den es ankam, und noch einen zweiten. Ganz allmählich kam jetzt auch etwas Helligkeit übers Wasser, ein Grau, dann ein Weiß. Und eine Morgenröte. Der Tag begann, im Osten wurde es schon hell. Der Wind ließ noch mehr nach. Verflucht, ich sterbe doch. Dann ein erster Sonnenstrahl, die Schwimmerin drehte sich in ihrem Ring, starrte die aufgehende

Sonne an, als wäre es das größte Wunder der Welt. Noch nie gesehen, noch nie gesehen. Die Augen nur ein paar Zentimeter über dem Wasser. Ich kann tausend Bahnen schwimmen, wenn ich muss, aber ich kann jetzt auch untergehen. Ihr ganzer Körper war taub. In den Ohren sauste es. Sie brachte sich in Rückenlage, mühsam brachte sie ein Hohlkreuz zustande, dass die Füße aus dem Wasser herausragten, an die Luft kamen. All das gehörte zu ihr. Auch das Weltwunder der Morgensonne, der neue Tag. Ich will nicht mehr, ich kann nicht mehr. Möwen umkreisten sie plötzlich, ließen sich auf dem Wasser nieder. Beäugten die Beute, die noch keine war. Das Leben ist zu kurz, um langsame Musik zu hören.

Der Rettungsring, der zu ihrer Rettung gedacht war, hinderte sie am Vorankommen. Dabei wollte sie doch, so lange sie noch nicht ganz erfroren war, irgendwohin schwimmen, zu einer Insel, einem Strand, einem Floß, einem Balken. Aber es war kein Schiff zu sehen am Horizont, so sehr sie jetzt auch den Kopf aus dem Wasser streckte.

Wie warm war dieses Wasser, wie kalt? An diesem 28. Juni, der ein Mittwoch war.

Bereits eine Woche später, hatte sie ihn wiedergetroffen. Er stand neben der Mutter aus hellem Stein, die ihr gerade geborenes Kind an sich presste. Er stand da und kratzte, weil er sich unbeobachtet fühlte, ein bisschen an dem weichen brüchigen Stein herum. Sandstein. Der Bildhauer, vielleicht sogar der Vater dieses Kindes, sicher schon lange tot.

„Hallo", sagte Marie, „immer noch auf Landgang?"

Kai Ritter erstarrte, Mann aus Stein, nackter als nackt, auch in den Händen hielt er nichts, aber von Salzsäulen hatte er schon gehört.

Er versuchte es mit einem Lachen. Hallo. So ein Zufall.

Dann fragte er: „Woher wissen Sie, dass ich bei der Marine bin?"

„Ich weiß noch mehr."

Kai gab ihr die Hand. Das tat ihm gut. Auch ihr war es recht, dass er sie gar nicht wieder los ließ.

„Du gehst wie ein Seemann, weißt du das? Ich habe dich beobachtet, als du mir hinterher gelaufen bist, letzte Woche. Es ist leicht, dich zu beobachten, wo Bäume stehen, findest du dich nämlich gar nicht zurecht, stimmt's?"

Kai verbarg seine Überraschung und sagte: „Stimmt."

Wieder sah er in ihre Augen, in seine Augen. Dieses Gör ist meine kleine Schwester, sie weiß es nur noch nicht, verdammt, Herr Oberbootsmann in spe, hier musst du aufpassen.

„Du könntest mein Bruder sein, was meinst du?", sagte Marie jetzt, und sie war ein bisschen betrunken, drunken girl, denn es war ihr vorletzter Tag in Freiheit, und da konnte man ein bisschen frech sein und wildfremde, schon richtig erwachsene Männer einfach duzen: „Ich gehe nämlich zur Marine, weißt du, Kriegsmarine."

Er glaubte sich verhört zu haben, ließ sich aber nichts anmerken: „Da kenne ich mich aus." Und jetzt ließ er ihre Hand doch los, sonst wäre es ein Schwur geworden.

Wenig später saßen sie wieder im Café *Milch & Zucker*, diesmal am gleichen Tisch.

„Deine Augen ...", sagte er.

Sie wollte weder Milch noch Zucker. Alles schwarz.

„... erinnern mich immer an etwas."

„Was du eigentlich vergessen wolltest, stimmt's?"

„Stimmt."

Sie lachte. Blau ist niemals gleich blau.

Aber dann fragte sie ihn ganz ernsthaft: „Kannst du eigentlich schwimmen?“

„Geht so?“

„Dann solltest du aufpassen.“

„Wie meinst du das?“

„Naja. Dass du nicht über Bord gehst. Nicht jeder wird gerettet.“

„Aber ich kann segeln“, sagte der Bootsmann.

„Ich kann nur schwimmen, aber segeln lerne ich auch noch, außerdem werde ich Soldatin.“

„Wann kommst du denn?“

„Erst die Grundausbildung. Wenn mich das nicht umbringt, bin ich auch für das andere bereit.“

„Kriegst die Tapferkeitsmedaille, ist aber alles nur halb so wild.“

„Ich will es ja wild, weißt du, ich bin nicht so blond, wie ich aussehe. Ich bin kein bisschen blond. “

„Weiß ich.“

„Und dann entere ich den Großsegler.“

Kai Ritter ließ seine Finger über den Kaffeetisch laufen als wäre es das Deck des Seglers: „Da bin ich ja beschäftigt.“

„Das dachte ich mir.“ Und Marie beeilte sich, ihren schwarzen Kaffee auszutrinken. Sie hatte es plötzlich eilig.

„See you later, Krokodil“, sagte sie und schnippte sich davon.

Der Tag war nun vollends da, aber die Hubschrauber hatten nichts gefunden. Als hätte das Meer sie verschluckt.

Inzwischen war auch der Seenotkreuzer Adolph Bermpohl vor dem Unglücksort erschienen; er ließ sein Tochterboot zu Wasser.

Die Hubschrauber kehrten zurück in ihren Fliegerhorst, etwa 30 Seemeilen weiter östlich. Um den Bootsmann kümmerte sich nun wieder der Bordarzt.

Der Kommandant, der mit allen nur möglichen Dienststellen Funkkontakt hielt, gab Anweisung, wieder die Segel zu setzen. Die Morgenbrise war gekommen. Die Rettung musste er nun anderen überlassen. Er war hundemüde.

Mit eisigem Schweigen gehorchte die Besatzung. Die Marssegel wurden gesetzt, auch die Bramsegel, Klüver und Besan; der Wind, wenn auch immer noch schwach, stand günstig, die Bark nahm langsam Fahrt auf, steuerte weiter den geplanten Kurs. Südsüdwest, an Helgoland vorbei, Richtung Englischer Kanal. Endziel die Kanarischen Inseln. Die beiden Rudergänger stierten auf den Kompass.

Niemand an Bord, dem es nicht die Kehle zuschnürte, fast niemand. Es gibt immer ein paar Menschen, die nichts berührt.

Marie und ihre Eltern leben in einer mittleren norddeutschen Kleinstadt, wo sich die Menschen gegenseitig beobachten, auch kontrollieren, aber durchaus hilfsbereit, auch tolerant sind. Hier kommt niemand zu Schaden, die Langeweile frisst alle Hindernisse, alle Stolpersteine weg. Das Schönste in dieser kleinen Stadt aber ist das beheizte Freibad. Es öffnet Anfang Mai, es schließt Ende September. Evelins Mutter arbeitet dort als Bademeisterin. Auch sie steht, wie ihre Tochter, meist am Beckenrand. Marie schwimmt. Evelin hat keinen Vater, der trennte sich schon kurz nach ihrer Geburt von der Mutter und starb im Sommer darauf bei einem Unfall. Das geschah ihm zu Recht, sagt die Tochter. Evelins Mutter ist eine besonders große und starke Frau. Wenn sie die Aufsicht hat, geht niemand unter. Wenn sie pfeift, pfeift sie auf den Fingern.

Morgens kommen immer die Schulklassen, die haben ihre eigenen Sportlehrer dabei; dann hält sich Evelins Mutter abseits. Silke heißt sie.

Sie hätte einiges aus ihrem Leben machen können, aber es funktioniert immer nur das, was funktioniert. So einfach ist das.

Nicht seitlich ins Becken springen! Silke zog den Reißverschluss ihrer Strickjacke höher. Es war noch frisch am Morgen. Darunter trug sie nur den Badeanzug mit den Abzeichen und dem hohen Beinansatz. Ihre Tochter Evelin hasste das Wasser; sie eigentlich auch, aber wenn man nichts gelernt hat, kann man sich seinen Beruf nicht aussuchen.

Der Vater ihrer Tochter war ein Zufallsvater geworden. Wie viele Jahre musste das jetzt schon her sein? Leicht auszurechnen, aber Silke, die Bademeisterin, war immer noch jung, noch längst keine vierzig. Sie hätte einiges aus ihrem Leben machen können.

Beim Wettschwimmen war Marie immer die erste. Sie schwamm lieber für sich allein, mochte es, wenn das Wasser vor ihr noch unberührt war. Am liebsten hatte sie das Brustschwimmen, weil sie es liebte, das Wasser zu teilen, sichtbar und gründlich, ohne dass sie es schlagen und schäumen lassen musste.

Nach den Schularbeiten trafen sie sich an der Bushaltestelle. Dort lasen sie sich Gedichte vor. Abwechselnd, spielten Wartesaal: Der nächste Bus und das nächste Gedicht.

„Kennst du Ringelnatz? Den mit dem Suahelischnurrbarthaar, die Nacht war kalt und sternenklar, da trieb im

Meer bei Norderney ein Suahelischnurrbarthaar. Die nächste Schiffsuhr wies auf drei. Kennst du den?"

Den kannte Evelin noch nicht. Und Marie erzählte ihr alles, was sie wusste, auch dass die Seefahrt notwendig ist. Navigare necesse est. Meine längste Braut hieß Alwine. Aber auch, dass er ganz ernsthafte Gedichte geschrieben hatte. Hör zu! Du segelst allein. Es soll niemand dabei sein. Doch tausend Fischlein begleiten dein Boot ein Stück. Des Weges. Aber du willst ganz frei sein.

Die Kadetten und Kadettinnen auf der *Aurora* leben und schlafen in Hängematten, natürlich nach Geschlechtern getrennt. Marie hatte in dieser Nacht keine Matte aufgehängt, ihr Platz war leer geblieben. Wo treibt sie sich rum? dachte das Mädchen, das neben ihr schlief. Ist sie bei den Jungs? Mit diesen Augen, die sie nun einmal hat. Hat sie sich versteckt? Oder ist sie schwimmen gegangen? Hat sie jemand über Bord geschubst, damit sich diese wasserhellen Augen endlich mit Wasser füllen?

Das Mädchen, sie war die größte und dünnste von allen, fuhr sich mit der Zunge über ihre ewig aufgesprungenen Lippen und schlief noch einmal ein. Träumen war erlaubt.

Dann kam der Alarm.

Und damit war der Traum zuende. Aufstehen! Antreten! Die Seekadettin Marie Kramer fehlte.

Und mit ihr fehlte der Bootsmann. Niemand hatte ihn springen sehen. Und niemand hatte Marie springen sehen.

Der Kommandant, Kapitän zur See Ulf Malewski, 46 Jahre alt, aus Süddeutschland stammend, seit fünfundzwanzig Jahren bei der Kriegsmarine, legt sich zwei senkrechte Falten über die Nasenwurzel, möchte die Uhr noch einmal zurückdrehen. Er ist völlig nüchtern und er beschließt: Alles wieder auf Anfang.

Und er widerrief seinen alten Befehl und gab einen neuen: Klar zum Wenden, Ree; wir segeln noch einmal zurück.

Der Bug ging gleichmäßig und weich durch den Wind. Die Segel kamen herüber. Die Mannschaft klatschte Beifall. Wir segeln zurück. Wir suchen weiter. Wir fangen noch einmal an. So ein junges schlankes Mädchen wie die Marie, die ist doch gesund und sportlich, die kann doch lange schwimmen, stundenlang, die ist doch eine gute Schwimmerin, ganz bestimmt sogar. Und sie hat so schöne große Augen.

Der Kommandant ging in seine Kajüte und rief noch einmal den wachhabenden Offizier zu sich: „Wer hat das Mädchen zuletzt auf Deck gesehen? Zuletzt auf Deck gesehen?!!"

„Ich werde mich darum kümmern", antwortete der und stützte sich auf den Schreibtisch seines Kapitäns. Man hörte das Ticken der Uhr. Das Kratzen eines Füllfederhalters; Malewski schrieb in das Logbuch. Aber dann klopfte es an die Tür. Herein! Oberbootsmann Pieper kam herein, salutierte und wollte Meldung machen.

„Um was geht es, Pieper?!"

„Ich habe die vermisste Kadettin gestern Abend noch gesehen, vielleicht als Letzter."

„Wann?"

„Kurz vor zehn."

„Zeigen Sie uns die Stelle."

Zu dritt machte man sich auf den Weg, ging die Reling entlang, am Fockmast vorbei, und dort wo die Reling aufhörte und in die flache Schanzung des Vorschiffs überging, hielt der Oberbootsmann inne und packte seinen Kommandanten, ganz unvorschriftsmäßig, am Ärmel: „Hier habe ich sie gesehen, kurz vor zehn. Ich dachte noch, die muss doch langsam in die Matte, aber sie saß dort so versunken, dass ich sie auch nicht stören wollte. Und Wache, das war klar, hatte sie nicht. Sie saß nur da und blickte vor sich auf den Boden."

„Hatte sie Freiwache?"

„Ich nehme an, ja."

Die Männer betrachteten diese Stelle, ganz genau und ohne Worte. Hier war der Seemann bei rollendem Schiff am wenigsten geschützt. Noch einmal ließ der Kommandant das gesamte Schiff durchsuchen, selbst der zweite Kettenkasten wurde jetzt geöffnet. Aber was sollte eine Neunzehnjährige dazu bringen, sich zu verstecken, oder sich aufzulösen in Luft?

Nein, die Suche auf dem Schiff wurde abgebrochen. Es war klar, Kadettin Marie Kramer ist über Bord gegangen.

Wer stopft das Leck?

„Bringt mir die Frau zurück!", schrie der Kommandant plötzlich und erschrak über sich selber.

Dann befahl er All-Hands-On-Deck und hielt so etwas wie eine Predigt. Aber der Rettungsplan lief auch ohne das Mutterschiff weiter. Erneut wurden Hubschrauber angefordert, zwei weitere Seenotrettungskreuzer aus anderen Häfen kamen zur Unterstützung. Auf Kampftaucher allerdings verzichtete man. Die Nordsee wurde eingeteilt in immer größere Felder, und alle Felder wurden durchsucht. Koordinatengenau.

Bereits in den Elf-Uhr-Nachrichten von Welle Nord (und nicht nur da) wurde die Meldung verlesen: Unfall auf dem Segelschulschiff. Eine 19-jährige Offiziersanwärterin und ein 30-jähriger Bootsmann sind aus bisher noch ungeklärten Ursachen nordöstlich von Helgoland über Bord gegangen. Der Bootsmann konnte gerettet werden, nach der Kadettin wird noch gesucht. Der Rettungsplan läuft reibungslos …

Kai Ritter aber hatte nichts anderes zu tun, als ihren Spind aufzubrechen, heimlich. Doch das gelang ihm nicht. Da nahm er ihre Hängematte, die ordentlich zusamengelegt am Haken hing, und trug sie davon.

Plötzlich sah sie etwas, was sie die ganze Zeit nicht gesehen hatte. Eine hohe rote Backbordtonne, sie tanzte auf und nieder. Oder spinne ich, werde ich verrückt? Ist das das Ende? Aber nun merkte sie, dass sie auf diese Tonne zutrieb. Sie kam näher. Mit der letzten Kraft versuchte sie die Arme auszubreiten, die Tonne zu fangen. Aber es gelang ihr nicht. Sie trieb vorbei. Jetzt hätte sie schreien mögen, vor Wut, vor Trauer.

Einmal war ihr, als bekäme sie Grund unter die Füße. Diese fürchterlichen Geheimnisse des Wattemeeres. Im Grundkurs hatte sie das Lesen der Seekarten erlernt. Karten aus Papier, mit den Linien der Wassertiefe bei normalem Tideniedrigwasser. All die Untiefen. Segelunterricht an Deck. Nur Landratten reden vom Tauziehen. All die Knoten, die man später selten braucht. Vom Palstek bis zum Weblein. Nicht zu vergessen auch die Kollisionsverhütungsregeln. Manöver des letzten Augenblicks. Welche Positionslampen trägt ein Schleppverband. Welche Farben haben die Wracktonnen. Nördliche Umfahrung, östliche und südliche. Seezeichen und Leuchttürme, die Reichweite ihrer Signale, Leit-, Quermarken- und Orientierungsfeuer. Der Ankerball ist rund, und bevor sie aufs Schiff kam, hatte sie in der Kaserne gelernt, was eine Soldatin wissen und können muss. Grundausbildung für alle Waffengattungen. Robben durchs Gelände. Fertig machen zum Sprung, das fachgerechte Reinigen des Gewehrs. Das Anlegen der ABC-Schutzmaske. Atomar, biologisch, chemisch. Verhalten vor dem Feind. Tarnen und Täuschen. Sie würden auch in einen Krieg ziehen, natürlich, dazu war die Soldatin doch da, der Soldat sowieso. Leben schenken, Leben nehmen.

Sie schwamm weiter, immer weiter. Ohne es zu merken fing sie an, die Namen sämtlicher Segel vor sich her zu beten: Außenklüver, Innenklüver, Vorstengestagsegel, Voruntermarssegel, Vorobermarssegel, Vorbramsegel, Vorroyalsegel, Großstengestagsegel, Großbramstengestagsegel, Tod durch Ertrinken. Sie hatte im Unterricht immer gut aufgepasst. Die Namen der Segel eines Rahseglers wie dem ihren würde sie bis an ihr Lebensende nicht mehr vergessen: Großroyalstengestagsegel, Großsegel, Großuntermarssegel, Großobermarssegel, Großbramsegel, Ertrinken, vielleicht rettet mich eine schwimmende Gans, eine graue Wildgans …

Dann hatte sie tatsächlich Grund unter den Füßen. Sie konnte es nicht fassen. Jauchzte. Stemmte sich gegen das ablaufende Wasser. Spürte mit den Zehen den Schlick, die Muscheln.

Die *Aurora* war ein besonders Schiff. 1912 lief sie bei Blohm & Voss in Hamburg vom Stapel: Ich taufe dich auf den Namen Aurora, möge dir die Morgenröte immer wieder den neuen Tag zeigen. Als Frachtsegler hat die Aurora die Weltmeere befahren, 39 mal Kap Hoorn umrundet, bis sie stillgelegt wurde und in jahrelanger Umbauarbeit das wurde, was sie heute ist: Das Trainingsschiff für die jungen Kadetten und Kadettinnen der deutschen Kriegsmarine. Mittlerweile bekannt im ganzen Land. Sie wurde auf Geldscheine gedruckt, auf Sondermünzen, auf Briefmarken sowieso. Und abends zur Tagesschauzeit saßen nun Millionen Menschen vorm Bildschirm, und Marie blickte in alle Wohnstuben und sonstigen Behausungen, mit ihrem zaghaften etwas traurigen Blick aus diesen Augen, auf dem Kopf die Matrosenmütze, mit den schwarzen Bändern. Wie ein Schiffsjunge sah sie aus. Sonst wusste man nichts über sie.

Das Wasser reichte ihr noch bis zu den Hüften.

Den Bootsmann hatte sie erst ein halbes Jahr später wieder gesehen. Nicht im Café, nicht im Skulpturengarten bei Mutter und Kind und den anderen Halbnackten. Nein, an Bord dieses Schiffes hatte sie ihn wiedergesehen.

Keiner von beiden war überrascht. Sie hatten es geahnt. Sie hatten es gewusst. Sie hatten sich darauf gefreut. Und große Angst davor gehabt. Jetzt ist sie meine Untergebene, war das erste, was Kai Ritter dachte, ganz leise und nur für sich, meine Schwester, meine Geliebte, mein Augapfel.

Marie Kramer hatte so getan, als wenn sie ihn noch nie gesehen hätte. Er trug ja nun auch Uniform, wie verkleidet kam er ihr vor mit seinen Hoheitsabzeichen. Statt Milch und Zucker, nun den Adler und den Bootsmannswinkel. Aber sie war ja auch verkleidet, hatte sich oft genug im Spiegel angeguckt und sich selber gegrüßt. Hand flach mit den Fingerspitzen an den Kopf, rechts in Höhe der Stirn. Und dabei nicht lachen! Oh ja, die Grundausbildung lag hinter ihr: Bewegung tut gut, vertreibt den ganzen Gedankenmüll. Beim Robben ist man nah am Erdboden und entdeckt an sich Muskeln, die man noch gar nicht kannte. Fertig machen zum Sprung! Deckung!

Und immer wieder Waffenkunde. Dabei verliebte sie sich in ihr Sturmgewehr, G3, mon amour. Im Schlaf, mit geschlossenen Augen, konnte sie es auseinandernehmen. Und wieder zusammensetzen. Und dann zielen. Und das Ziel war immer dasselbe: DAS BLAUE AUGE. Scharfstellen, durchziehen. Schuss!

Ja, der Ernst des Lebens war ganz schön hart gewesen. Manches ging auch daneben, aber jeder Treffer wurde bejubelt, und den Rest vergaß man.

Doch jetzt endlich begann die Einkleidung für das Schiff. Ave, Maria. Und dann endlich los. Da sah die Welt schon anders aus. Wasser, Wasser. Hinaus aufs Meer, was sonst. Sie hörte schon das Pladdern der Wellen. Kopfsprung, elegant wie ein Fisch. Aber von Waffen träumte sie immer wieder. Das würde nie aufhören. Mon amour.

Die Schiffsglocke ging. Appell. Der Kommandant stellte die Stammbesatzung vor: Der Erste Offizier, die Divisionsoffiziere, die vier Seeoffiziere, Schiffsarzt und Versorgungsoffizier, dann die Unteroffiziere vom Hauptbootsmann bis zum Bootsmann, die Segelwache im Blaumann, Lebensrettungsbändsel um die Hüften geschlungen.

Bootsmann Kai Ritter trat nur ganz knapp aus der Reihe heraus, sah mit ihren Augen in die Runde, vielleicht sogar ein bisschen schärfer als sonst. Sie musste seinen Blick gar nicht erwidern; es war ja sowieso klar.

Anschließend bezogen sie ihre Unterkünfte. Im Spind wurde es eng. Noch vier Stunden bis zum Ablegen.

Ihre Eltern standen an der Pier und winkten wie die anderen Eltern, wie die Mütter, Brüder, Verlobten, Ehefrauen,

Kinder. Dreimal dröhnte das Signalhorn. Aus den Lautsprechern tönte: Muss i denn, muss i denn zum Städele hinaus …

Vielleicht stand auch eine heimliche Geliebte am Kai, ein treuer Verehrer, eine Ehemalige, ein Aussortierter. Der Abstand zwischen Land und Schiff wuchs zusehends. Der große Auslandstörn begann.

Aber noch ging es nicht auf die See hinaus, auch wenn die Ostsee zum Greifen nahe war, das baltische Meer. Die *Aurora* manövrierte sich in die Schleuse bei Holtenau. Durch den Nordostseekanal wollten sie, quer durchs Land, aber dann, aber dann, die breite Elbe, die Nordsee, das Offene. Südost 3 – 4. Hoffte man.

Doch schon kurz vor Rendsburg war es geschehen: Marie hatte dem Bootsmann eine Falle gebaut.

In einem der Rettungsbote war es. Mit Leichtigkeit konnte man die Plane aufknöpfen und ein bisschen hochschieben: Da hinein. So hatte sie es sich ausgemalt und dann, als sie nicht ganz zufällig in der Messe nach dem Abendessen an ihm vorbeiging, die Nummer des Bootes zugeraunt: RB 6 um halbzehn. Er glaubte seinen Ohren nicht, aber sie hatten es gespeichert. Die Kanalufer zogen gleichmäßig vorbei, Fußgänger mit Hunden auf dem Plattenwege, auch hohe bewaldete Ufer, dann wieder Weiden mit geflecktem Vieh, Ackerflächen, einzelne Ställe, Ortschaften, die sich an den Anblick der Schiffe gewöhnt hatten, manchmal eine kleine Fabrik, eine aufgelassene Ziegelei, Manövergelände, Ödland. Und alle zehn Kilometer die Ausweichen, wenn die Schiffe so groß wurden, dass sie sich nicht mehr begegnen konnten. Duckdalben, Festmacher. Signale.

Seine Freiwache begann. Und ihre auch. Er nahm das Boot in Augenschein und blickte auf seine Armbanduhr. Kurz vor sieben.

Um neun wusste er, dass sie schon unter der Plane war. Die Dämmerung kam, die Kanallichter gingen an. Sie waren kurz vor Grünenthal, die Hochbrücke kam in Sicht. Wenig Verkehr auf der Wasserstraße, ein paar Containerschiffe, ein Autotransporter, alte Holzfrachter aus Finnland.

Sie ist verrückt geworden, durchgeknallt, sie bringt uns um.

Als Kai Ritter sicher war, dass ihn niemand beobachtete verschwand auch er in dem Rettungsboot. Geschickt wie ein Kater, dachte er. Sie empfing ihn mit einem leisen triumphierenden Lachen. Jetzt hatte sie ihn.

„Du bist verrückt", flüsterte er.

Sie antwortete ganz anders. Er lachte schüchtern.

Im Rettungsboot war es wirklich ziemlich dunkel und es roch nach Dieselöl und Seefahrt.

„Afrika", flüsterte Marie, „eigentlich möchte ich mal nach Afrika. Hilfst du mir, dass ich nach Afrika komme?"

„Jetzt gleich?"

„Nein, später", antwortete sie. „Viel später. Aber halt deinen Kopf fest."

Jetzt hatte der Bootsmann keinen Kopf mehr, um ihr zu antworten.

Die beiden letzten Sommer vor dem Abitur hatte Marie als Rettungsschwimmerin in Grömitz verbringen dürfen. An der Ostsee. Am schmalen Sandstrand der Bucht. DLRG mit dem schnellen Schlauchboot und den beiden weißen Türmen, auf die eine weiße Leiter hinaufführte. Und oben wehte am Mast die blaue Fahne, und unten standen auf eine schwarze Schiefertafel die Zahlen für die Luft und das Wasser geschrieben. Auf den Wind verzichtete man.

Evelin hatte sie dort besucht und gleich einen Job als Eisverkäuferin gefunden. Jetzt schliefen sie zu dritt in einem Zimmer. Denn Evelin hatte auch gleich einen Jungen gefunden; der war alle halbe Stunde gekommen und hatte ihr ein Eis abgekauft, immer wechselnd von grün wie Waldmeister über Rot wie Erdbeere, gelb wie Zitrone bis hin zu weiß wie Vanille. Softeis eben, mit einer kunstvollen Spitze, gedreht, geschraubt, perfekt für all die sommerlichen Münder. Der Junge hieß Lars und hatte Bauchweh. Jetzt schliefen sie zusammen in einem Bett, und Marie, im Bett an der anderen Wand, horchte. Was ziemlich anstrengend war, denn es blieb alles still im Zimmer. Irgendwann schlich sie sich hinüber und legte sich einfach zu den beiden anderen ins Bett.

Das Fenster stand offen; es fing an zu regnen, man hörte die Tropfen, die Blätter, es roch so gut, nach Regen und Meer und ein bisschen nach ganz langsamen, heimlichen Bewegungen.

Der Tag ging schon wieder zuende, aber sie hätte weinen können vor Glück und tödlicher Erschöpfung. Das Wasser war jetzt nur noch knietief. Und es würde noch weiter ablaufen, das spürte sie. Die Sonne stand hinter einer Wolke. Hoffentlich käme bald Regen. Sie hatte großen Durst. Sie öffnete den Mund. Sie zitterte.

Dann ging sie auf die Knie. Und berührte das Sandwatt um sie her. Land! Sie weinte. Ihre Augen brannten. Sie sah sich nach dem Rettungsring um, aber den hatte sie ja schon lange verloren.

Erste Möwen gesellten sich zu ihr. Sogar ein Austernfischerpärchen. Die sind nicht allein, dachte sie. Sollte sie um Hilfe rufen? Oder laut lachen?

Hilfe!

Nachts regnete es dann wirklich, ein kurzer heftiger Schauer. Sie öffnete wieder den Mund. Große Tropfen. Sie schluckte. Süßes Wasser.

Aber das salzige Wasser um sie her, fing schon wieder an zu steigen. Halbtot, kann man sagen: halbtot? Oder halb noch lebend. Was bin ich denn nur. Fast erfroren in einer Sommernacht, aus dem Wachkoma erwacht. Das Wasser steigt, aber es geht kein Wind. Stille. Für den Ertrinkenden ist es egal, ob er zehn Zentimeter Wasser unter den Füßen hat oder tausend Meter. Dabei wollte ich nach Afrika. Nun war nur noch der Austernfischer da, der sich im Wasser spiegelte. Und dann fortflog.

Das Wasser stieg weiter. Sie hob die Arme über den Kopf, als gäbe es dort oben etwas, an dem sie sich herausziehen könnte. Ich muss aufpassen, flüsterte sie unhörbar, und musste schon wieder anfangen zu schwimmen. Die Beine über den Grund bewegen. Bin ich gesprungen, bin ich gefallen, bin ich ausgerutscht, hat mich jemand hinuntergestoßen? Bin ich immer noch Marie, genannt Mieke, oder auch Schnullipulli, schreckliches Wort, auch wenn man noch ganz klein, wenn man noch ein Baby ist. Oder bin ich eure herzensgute Tochter, von der man in aller Stille Abschied genommen hat? Marie schwamm, tauchte, berührte den Boden, stieg wieder auf, jetzt von Krämpfen geschüttelt, von salzigen Tränen.

Auch in der folgenden Nacht wurde die Suche fortgesetzt; mit Suchscheinwerfern im Bug der Rettungskreuzer und ebensolchen Scheinwerfern am Bauch des letzten noch verbliebenen Hubschraubers. Wie Irrlichter glitten sie über die graue, kaum bewegte Nordsee dahin, wie Scheinwerfer, die ihre Lichtkegel auf eine Bühne warfen, damit der Star des Abends auftreten konnte.

Irgendwann hörte sie den Hubschrauber, hörte wie die Rotoren die Luft schlugen und das Wasser aufwirbelten. Der Scheinwerfer glitt über die Wellen. „Oh Ja!“, schrie sie: „Oh Jaa. HIER!!“ Sie vergaß zu winken, denn nun war sie ja gerettet. Sie sahen doch ihren Kopf, ihren Kopf. Der Kopf von Marie Kramer, still alive. Und denkend, immerzu denkend. Hier! Zehn, zwölf Meter von hier entfernt, zog der Scheinwerferkegel über die immer noch ruhige graue See. Doch Maries Kopf geriet nicht ins Rampenlicht, und das Geräusch des Hubschraubers entfernte sich schnell. Dann hörte sie einen näher kommenden Flügelschlag, immer deutlicher. Es waren Schwäne, über dem Meer, und ihre Flügel schlugen die Luft. Marie fasste sich an ihre Kehle, die Luft, die Luft, ach, die Luft. Die Luft war noch da, aber die Schwäne, die auch schwimmen konnten, entfernten sich unsichtbar.

Ihr Schiff trug eine Galionsfigur, einen Gänsekopf mit Flügeln, so war ihr Schiff, kein Schwan. Ihr verfluchtes Schiff, mit dem schwarzen Rumpf, obwohl es *Aurora* hieß. Ein Begräbnisschiff, ein Untergang. In ihrem Kopf begann es zu kreisen, Gedichte fielen ihr ein, auch jenes von dem Suahelischnurrbarthaar bei Norderney, man fragt doch, wenn man Logik hat, was sucht ein Suahelischnurrbarthaar denn nachts um drei am Kattegatt. Ihr fielen jetzt lauter unsinnige Gedichtzeilen ein, alles was sie einmal auswendig gelernt hatte, reimen, es musste sich reimen, und alles lief ihr durch den Kopf. Sie sprach jetzt laut, so als betete sie, Rosenkranz, Gänseblümchenkette, Muschelschnur, lauter Gedichte. Und auf einmal steht es neben dir.

Das Wasser kam und ging. Ihr Körper war jetzt wie Eis, wie aus Glas.

Ja, das Wasser war zwar wieder gekommen, aber sie fand nun immer flachere Stellen, verlor nicht mehr den Grund unter den Füßen. Und das Wasser ging ja auch wieder. Und ihr Körper gehörte doch immer noch zu ihr. Hunger hatte sie keinen. Aber schon wieder war sie am Verdursten. Doch untergehen tat sie nicht mehr. Und die Regenwolken waren auch schon wieder da.

Bootsmann Kai Ritter, wieder nicht zur Beförderung anstehend, war mit dem Leben davon gekommen. Er erwachte aus seiner Ohnmacht und konnte wieder vernommen werden, aber den Namen der Vermissten kannte man ja sowieso.

Gegen Abend wurde er in die Gewahrsamszelle gebracht. Mittschiffs. Hierhin brachte man die zu Disziplinierenden, aber ebenso die Suizidgefährdeten und Überbordgeher. Das sind jene Menschen, die einer seltenen Sucht verfallen sind. Wenn sie sich über eine Bordwand lehnen und ins Wasser starren, wollen sie springen. Zumindest stellen sie sich vor, wie es wäre, wenn sie sprängen und wohin das führen könnte, was dann anfänge. Sie springen selten, darin ähneln sie den Menschen, die ganz oben auf den Hochhäusern stehen.

Fallschirmspringer und Fallschirmspringerinnen lösen das Problem auf andere Art und Weise.

Ankommen tut jeder irgendwo.

Die Tür hinter Kai Ritter schloss sich, wurde abgeschlossen. Er hatte Pritsche, Schreibtisch, Klo und Waschbecken. Zwei Sorten Handtücher, einen Spind. Trainingsanzug, Unterwäsche. Alles da. Und ständige Überwachung. Zur Sicherheit. Rund um die Uhr.

Allein, und doch nicht allein. Er hatte das Mädchen auf dem Gewissen; da waren sich alle sicher. Aber was sie auch fragten, er konnte nicht antworten. Höchstens, dass er dabei gewesen war und nichts verstanden hätte. Von Anfang an dabei und nichts verstanden!

Man schob ihm einen großen hellblauen Zettel in die Zelle: *Formblatt Nr. Sowieso:* „Sie können die Rückseite beschreiben."

Die Rückseite war weiß. Er schrieb, mit Bleistiftstummel und ohne Radiergummi: *Ja, es ist wahr. Mein Leben lang hatte ich diesen Augenblick auf mich zukommen gesehen: Dass ich, wenn es darauf ankäme, nicht helfen würde. Und genauso ist es gekommen. Ich sah das Mädchen im Wasser treiben. So still im Wasser treiben, trotz der bewegten nächtlichen See. Ich warf ihr einen Rettungsring hinterher. Ich hätte auch ins Wasser spucken können; es wäre dasselbe gewesen. Ich sah hinunter, ich hatte das Gefühl, meine Augen überzögen sich mit Glas. Schon bald war sie in der Dunkelheit verschwunden. Hörte ich ihren Schrei, schrie sie denn überhaupt? Dass ich dann plötzlich doch hinterher sprang, werde ich nie verstehen. Das war eine fremde Macht in mir. Das Gute hatte gesiegt. Aber es nützte ja nichts.*

Es klopfte an der Tür und die Zellentür sprang sofort auf. Der Bootsmann außer Dienst gab den Zettel ab, das Formblatt.

Anfang Juli, immer noch waren die Tage unendlich lang, baute sich eine stabile Hochdrucklage über der Deutschen Bucht auf. Der anfänglich aus westlichen Richtungen kommende Wind drehte auf Ost, nahm etwas zu, in Böen 4–5, wurde dann sehr stark und trocken, trieb das Wasser ins Meer hinaus, das Hochwasser an der deutschen Nordseeküste wird etwa fünf bis sechs Dezimeter niedriger als normal eintreten. Das war gut für Marie. Der vierte Tag nun schon, ohne Nahrung. Ihre Haut löste sich auf. Aber dann geschah es, dass sie auf dem wirklich Trockenen zu liegen kam. Eine Sandbank, die noch nicht einmal in den Seekarten einen Namen hatte. Marie verlor das Bewusstsein. *Marys Island.* Möwenschwärme ließen sich nieder auf dieser Insel und warteten ab.

Da kam ein Kajakfahrer, näherte sich dem Eiland. Einer, von diesen Hochseefahrern, die in ihren winzigen schmalen Booten über den Ozean gehen als wären sie Delphine; einer von denen, über die man nur den Kopf schüttelt: lass sie doch ersaufen. Einer von denen, die weder zu den Seglern, noch zu den Seeleuten gehören. Die sich für unsterblich halten, wenn sie paddeln und durch die Wellenberge tauchen und tanzen, immer am Rand des Untergangs, der allerdings (statistisch gesehen) nur höchst selten eintritt.

Er war unterwegs von Nordstrand nach Helgoland. Er hatte Kompass dabei, Nahrung, genügend zu trinken. War bereit, Tag und Nacht zu fahren, allein.

Er wunderte sich, dass er hier auf Land traf. Er fuhr näher heran, in seinem leuchtend roten Kunststoffboot, aus dem nur sein Oberköper ragte mit den paddelnden Armen und dem aufmerksamen Kopf. Das schwarze Spritztuch um die Lenden, Moltoprenanzug zum Warmhalten.

Früher einmal war er Arzt gewesen, Landarzt, jahrzehntelang im gleichen Dorf. Es gab dort niemanden mehr, den er nicht kannte, von innen und außen, aber er hatte immer gewusst: Eines Tages gehe ich aufs Meer, wie ein Käfer aufs Meer. Und gehe nicht unter. Seine Frau, die ihm jahrzehntelang wie alle Landarztfrauen bei der Arbeit geholfen hatte, erklärte ihn für verrückt. Du spinnst, lächelte sie und wünschte ihm im Stillen die Erfüllung seines Traumes. Nun paddelte er also. Hielt die Spur, durchschnitt die Wellen, den Wind von achtern.

Auf dem hohen Wattrücken, dieser kleinen Sandbank hatte er etwas entdeckt, das er für einen großen, gestrandeten Fisch hielt. Er ließ sein Boot auf Grund laufen und stieg aus.

Zog sein Boot aufs Land.

Ganz langsam, auf alles gefasst, näherte er sich seinem Fund. Dann ging er in die Knie. Ein Mensch. Eine Frau, mit bloßen Armen und Beinen. Augen geschlossen, fast geschlossen, den Mund halb geöffnet.

Er war lange genug Arzt gewesen, um zu wissen, dass dieser Mensch schon fast hinüber war. Drüben.

Seltsam, musste er aber dann plötzlich denken: Ich komme wie gerufen. Ein Notfall. Ich werde helfen können. Wie jung sie noch ist. Ein Mädchen. Sie trägt ein seltsames Unterhemd, grünoliv. Weiß die Haut und ganz kaputt. Er fühlte ihren Puls. Er ging langsam, aber er ging. Er legte die Hand auf die Stirn, nahm sein Ohr an ihren Mund, hörte einen Atem, der so fern war, dass es ihn grauste.

Er ging zurück zum Boot. Kramte den Erste-Hilfe-Kasten heraus, der bei ihm mehr einem Ärztekoffer ähnelte. Nahm aber auch zu trinken mit, stilles Wasser.

Immer noch lag sie da. Er machte mit ganz ruhiger Hand eine Spritze fertig. Eine Infusion unter die Haut, eine Mischung aus Traubenzucker und Insulin. Er berührte ihre Augenlider.

Er horchte sie ab, wie er es tausendmal in seinem Leben gemacht hat, aber jetzt ist es wie zum ersten Mal. Das Herz schlägt unter der linken Brust. Es schlägt. Zu langsam, viel zu langsam.

Aber der Kajakfahrer weiß, dass das Leben bald zurückkehrt, so schnell stirbt sie nicht.

Er bettet ihren Kopf höher, versucht ihr zu trinken zu geben. Es rinnt ihr wieder aus dem Mund heraus, die Lippen sind blass, fast blau.

Er holte seinen Schlafsack aus dem Boot, die Thermoskanne mit dem Tee, in dem immer etwas Rum herumschwimmt.

Als er zurückkam, öffnete sie die Augen, ganz wenig, flatternd. Die Augen waren sehr hell, als kämen sie von ganz woanders her.

Er sah sie dort liegen, und eine Gänsehaut überlief seine Haut. Nicht einmal ein Rettungsring lag neben ihr. Er sah sie da liegen, und sie war völlig allein auf dieser Welt; vielleicht hatte sie nicht einmal einen Namen. Er sah sie viel zu lange an, dann endlich öffnete er den Schlafsack, breitete ihn auf dem feuchten Sand aus. Wie ein Vater war er nun. Er hob das Mädchen auf. Sie machte sich so schwer. Er hüllte sie in den Daunensack. Plötzlich sagte sie ein Wort. Das heißt: Sie bewegte die Lippen, fuhr sich mit der Zunge darüber, stammelte, nahm wieder Anlauf, als suchte sie das Wort ganz woanders, zuckte mit den Halsmuskeln, presste die Augen zusammen. Das Wort heißt: „Schww-wimmmmen …"

Der Arzt versteht es nicht. Er kommt jetzt nicht mehr von ihren Lippen los, aber er versteht es nicht, so oft sie es auch wiederholt. Ein wimmernder Gesang, der sie sehr anstrengt. Zeit vergeht, viel Zeit, auf dieser durch den Wind oder durch göttliche Hand erschaffenen Sandbank.

Dann sackte sie wieder in sich zusammen.

„Oh, nein, nein!“, rief jetzt ihr Retter und suchte nach seinem Handy. Bis er es endlich fand. Tippte blind, die Rettungsnummer, aber der Balken zeigte ihm: sein Akku war leer.

Er sah die Schiffbrüchige an: „Hören Sie mich?“, fragte er leise.

Marie nickte. Und dachte: Er denkt, ich bin tot. Bin ich aber gar nicht. Oder sollte ich den Kopf schütteln. Sie schaukelte mit dem Kopf hin und her, die Luft war plötzlich so schwer, sie stemmte sich dagegen, wollte, dass ihr jemand Schwung gäbe auf der Schaukel, vor langer Zeit, wo sich jedes Mal, wenn man Höhe gewann, der Rock öffnete und ein Wind die nackten Beine kühlte. Ihr war jetzt so heiß, so kalt. Evelin! Hätte sie rufen mögen, sind wir jemals zusammen geschaukelt, weißt du überhaupt, wer Schwung gibt und wer Schwung holt, wer auf dem Schaukelbrett steht und wer unten auf der Erde zurückbleibt? Pass auf, pass auf. Flieg mir nicht davon, sonst fliege ich dir hinterher.

Der Kajakfahrer versuchte wieder ihr zu trinken zu geben, bettete ihren Kopf in seinen linken Arm, suchend wie ein kleines Kind öffnete sie nun die Lippen. Er flößte ihr von dem warmen Tee ein, das meiste lief auch jetzt daneben, aber er hörte auch das Schlucken. Schwimmen, schwimmen, schwimmen. Und der Kopf lag nun ganz ruhig.

„Das wird schon wieder, das wird schon wieder werden, mein Kind“, flüsterte er, nun vollends ergriffen.

Sie schluckte. Der Tee lief die Speiseröhre hinunter. Der Magen jubelte.

Nun wurde sie ihm zu schwer und er bettete sie wieder in den Daunensack.

„Dort hinten", und er zeigte übers Meer, obwohl sie doch gar nichts sehen konnte, „dort hinten ist eine Hallig, im Augenblick sogar bewohnt. Ein Haus. Ich paddle hinüber, die können eine Hilfe herbei telefonieren. Das dauert nun nicht mehr lange. Das hältst du noch aus, Mädchen, die Sandbank hier bleibt ja trocken, du kannst dich hier ausruhen und aufwärmen wie die Seehunde es tun. Hier bist du sicher. Du bist ja schon gerettet. Ich lasse dir den Tee da. Wir bleiben in der Nähe. Freue dich! Und Kekse, wenn du magst. Zwieback."

Marie nickte. Sie war so schrecklich müde, und sie konnte diesem Medizinmann nichts sagen, diesem Paddelmann. Seltsames Boot, dachte sie und wusste gar nicht, ob es ein Boot war, seltsamer Mann, weder von hier noch von dort. Und sie versuchte sich aufzurichten. Warum nimmt er mich nicht mit? dachte sie, aber vielleicht lag sie ja schon in diesem Boot. Auf der Überfahrt, von hier nach dort. Dann sah sie die Tränen in seinen Augen.

Ganz langsam ging er davon und wusste, dass sie ihm dabei zusah: wie er sich wieder in sein Boot setzte, den Spritzschutz um die Hüften befestigte und sich mit dem Paddel abschob, rutschend über den Grund, und dann tieferes Wasser gewann.

Er sah sich noch einmal kurz um, aber eigentlich wollte er nicht zurückblicken und paddelte so schnell und stark es ging. Voran, nur voran. Schlag für Schlag, links rechts, vom Paddel wehten die Tropfen.

Marie schaffte es, sich auf die Seite zu drehen. Jetzt wollte sie einschlafen, aber plötzlich merkte sie, dass sie Hunger hatte. War es Hunger? Oder starb ihr der Magen weg? Sie angelte nach den Keksen.

Der Kajakfahrer paddelte um sein Leben. Die Strömung half ihm. Binnen einer Stunde hatte er die Hallig erreicht.

Wo ein Haus ist, ist auch Hilfe. Dachte er und zog sein Boot an Land, die Kante hinauf und immer weiter über das kurze, harte Halliggras, in dem ab und zu ein paar violette Sternchen leuchteten. Das war der so genannte Halligflieder. Das Haus auf der Warft war unverschlossen: „Hallo! Ist hier jemand!“

Ein Wind kam auf, aus westlicher Richtung plötzlich; der trug etwas anderes heran, der roch nach hoher See und Dünung.

Marie fühlte ihn auf der Haut, Sand blies er über ihr Gesicht, viele kleine Nadelstiche. Der Schlafsack blähte sich auf, wollte festgehalten werden. Marie erwachte. Es war noch Tee da, warmer Tee. Sie trank; niemand half ihr dabei. Kekse mochte sie keine mehr.

Und mit einem Mal hob der Wind den Rettungsring, der plötzlich neben ihr lag, hoch, wehte ihn ein paar Meter weg, ließ ihn tanzen, ließ ihn kreiseln, schneller, und noch mehr Wind kam, eine langanhaltende wachsende Böe: Der orangenrote Rettungsring flog davon. „Evelin!“, rief Marie ganz schwach: „Bist du es?“

Sie sah dem Rettungsring nicht hinterher. Sie wollte ihn nicht sehen. Eigentlich war sie froh, dass er fort war, schon so lange. „Ich kann doch weiter schwimmen“, flüsterte sie, „das kann ich doch: Schwimmen. Hundertmal die Bahn entlang. Evelin, du magst den Himmel, ich weiß, aber jetzt musst du aufpassen, pass auf: Wenn der Rettungsring kommt, zu dir nach dort oben, dann fang ihn auf, hab keine Angst, fang ihn einfach auf, ich brauch ihn nicht mehr …“

Die Möwen kamen näher, die waren hier zu Haus, sie trippelten über den Sand, neugierig waren sie, vielleicht auch nur hungrig auf Kekse.

Wenn Krähen oder Möwen tote Menschen finden, hacken sie denen zuerst die Augen aus. Das hatte sie mal irgendwo gelesen. Aber so lange ich mich bewege, kann mir nichts passieren. So hob sie von Zeit zu Zeit den Arm, den rechten. Der andere war kaum noch zu gebrauchen.

Sie kroch in den fremden Schlafsack, der war warm und gut gefüttert. So gut wie neu.

Die Möwen kamen näher, hielten aber Abstand. Und es wurden immer mehr. Große gefleckte Sturmmöwen waren darunter, Heringsmöwen. Die schrien und wollten gefüttert werden. Ich weiß genau, was der Bootsmann von mir wollte, dachte Marie, und ich von ihm. Der Bootsmann, der nun nie ein Oberbootsmann werden wird. Keine Beförderung mehr. Aber blau zu blau. Seine, meine. Unsere Augen. Austauschbar.

Allmählich beruhigten sich die Möwen. Vielleicht müsste das angespülte Menschenkind gefüttert werden. Ein paar Kekse waren ja noch da. Manche der Möwen erhoben sich für ein paar Minuten in die Luft. Schwebten, zogen ihre Kreise. Äugten hinunter. Marie lächelte. Mich muss niemand mehr bewachen. Das verstanden die Vögel und entfernten sich von der Schiffbrüchigen, die nun keine mehr war.

Anmerkungen:

Die schwarze Gret: Der „Eidermaler Jansen“ erinnert an Horst Janssen (1929–1995), den genialen Zeichner, Radierer, Grafiker und Fabulierer. Näheres in seinen beiden Büchern: „Hinkepott“, Autobiographische Hüpferei in Briefen und Aufsätzen, Merlin-Verlag, Gifkendorf 1987. Und: „Eider-land“, St. Gertrude, Hamburg 1985.

Die Katze von Kampen berührt das Leben der Tänzerin, Kabarettistin und Kneipenwirtin Valeska Gert, geboren 1892 als Gertrud Valesca Samosch in Berlin, ausgebürgert, ausgewandert nach England und Amerika, gestorben im März 1978 in Kampen auf Sylt.

Die letzte Geschichte, *Eine gute Schwimmerin*, ist der Anfang eines längeren Romans, der immer noch kein Ende gefunden hat.

H.E.